JN440370

긍정의 사고력이 부자를 만든다

긍정의 사고력이
부자를 만든다

류우홍 지음

북허브

머리말

사람에게 초능력이라는 것이 있을까?

현실에서 그저 평범한 사람에게서는 초능력이란 발견할 수 없는 아주 특별한 것이다. 그러나 아무리 평범한 사람이라 할지라도 초능력을 발휘할 수 있는 순간이 있다고 한다.

예를 들어 '자녀가 물에 빠지려 할 때 빠지지 않도록 자녀를 부여잡고 견디는 일', '만약 이것을 놓치면 천길 낭떠러지로 떨어져 죽는다.' 등등 자신이 진심으로 몸과 마음을 다 주어도 좋다고 생각하는 순간 초능력이 생긴다는 것이다.

즉, 죽을 각오하고 덤비면 아무리 어렵고 힘든 일이라도 헤쳐나갈 수 있는 힘이 생기고 그 힘으로 인해 자신의 능력 이상의 결과를 만들 수 있다.

이와는 반대로 자포자기라는 것은 왜 생길까?

한 마디로 말해 삶에 의욕이 없거나 자신이 없기 때문이다.

의욕을 잃게 되는 이유는 '하는 일마다 되는 일이 없어서' 가 주된 요인이라고 하지만 그보다는 또 다른 실패를 두려워해 자신감을 잃고 망설이고 주저하기 때문이 아닐까?

그러나 이런 부류의 사람들이 '자신보다 더 어려움을 겪었으며, 더 많은 실패와 지탄을 받으면서도 꿋꿋하게 성공한 사람들' 을 보면 마음이 달라질 것이라고 본다.

요즘 상황이 IMF 때보다 더 지독하다는 말을 수없이 듣곤 한다.

이 글을 써 두었던 시기가 바로 IMF 시절이었다. 당시 자포자기하는 사람들에게 '당신보다 더 어려웠던 사람이 당당히 성공해서 이렇게 살고 있다.' 라는 것을 보여주고 그 사람들처럼 용기를 가지고 살아보라는 의미에서 책을 출간하려고 했으나 다행히도 우리나라 경제가 곧바로 IMF를 헤쳐 나갔기에 활자화할 필요성을 느끼지 못했다.

그러나 작금의 상황은 그 어렵다던 IMF 때보다 더 심한 경제적 위기를 맞는 사람들이 많고 자포자기 내지는 삶을 가족과 함께 포기하는 사람들도 다수 발생하다 보니 다시금 이 내용을 책으로 내야겠다는 생각이 들었다.

세상은 돌고 돈다.

경기도 돌고 돈다.

더군다나 돈은 더 많이, 더 자주 돌고 돈다.

지금 내 곁에서 떠나간 돈이 두 번 다시 나에게 오지말라는 법은 절대 없다. 다만 내가 그 돈이 오지 못하도록 방해만 하지 않는다면 말이다. 내가 내 스스로에게 돈이 들어오지 못하도록 방해를 하는 것은 바로 '될 대로 되라는 자포자기' 또는 '난 어떻게 해도 안돼' 라는 마음가짐이다.

가난에서 배운 것이 있다면 바로 '해야만 한다' 가 아닐까. 해야만 하는 마음이라면 무엇인들 하지 못할까. 배부르고 많이 배운 사람과 가난한 사람을 두고 옛날 유명한 음악가에게 누구를 선택해서 가르치겠느냐고 물었단다. 그러자 음악가는 부자를 선택해서 가르치겠다고 했다.

왜냐고 물으니 그 음악가의 말이 "가난한 사람은 가난 속에서 살아가는 방법을 다 배웠기 때문에 가르칠 것이 없다."였다.

가난이란 것이 결코 불행한 것이 아니라는 것을 가난해 보았던 사람이라면 누구나 알 수 있는 것이 아닌가. 가난해 보았기 때문에 가난을 벗어나려는 노력을 할 수 있음에 가난에 감사해야 하며, 부자가 되어서도 부자로 만들어준 가난을 잊지 말고 살아야 부자가 될 수 있다.

이제 어려움이 더 심해질 것이라는 뉴스가 자주 들린다. 세상 여기저기에서 잘났다고 소리치던 기업이나 사람이 하나 둘 무너지고 벼랑에서 떨어지는 소리가 가까이에서 선명하게 들리고 보여지기 시작한다.

'추락하는 것에는 날개가 없다' 고 했던가.

그와는 반대로 비상하는 것에는 멋진 날개가 있지 않은가. 그 날개를 달고 비상할 시기는 어쩌면 모든 사람들이 하늘을 날고 있던 그 시간이 아니라 하늘을 날던 사람들이 땅으로 내려오는 그 시기가 더 적기가 아닐까 한다.

그렇다면 하늘을 나는데 적기인 이 시기에 비상할 날개는 무엇으로 만들 것인가.

저자는 바로 가난에서 부자로 인생 전환을 한 가난했던 선배들로부터 그들의 경험담을 통해 '나도 할 수 있다.' 라는 강한 자신감을 갖는 것이 최우선의 과제라고 본다. 나보다 더 못한 처지에서 그 역경을 이겨내는 과정에서 겪은 노하우와 성공 습관 등…. 그것이야말로 독자에게 자신감을 만들어 줄 뿐만 아니라 방법을 몰라 망설이던 사람에게 희망의 메시지를 제시할 것이다.

뜨거운 태양이 아침 안개를 걷히게 하듯 이 책이 모든 방향을 제시할 것이라 믿는다.

자! 힘냅시다.

류우홍

Contents

Part 3 — 부자가 되려면 부자에게 배워라

Part 4 — 항상 준비한 자가 성공하기 마련이다

Part I

가난으로 나를 더 단련시켜라

어제는 과거의 오늘이고
내일은 오늘의 미래이다.

가난은 나를 단련시켜 준 고마운 친구

무한 책임감만 성공을 좌우한다

이제 지천명의 나이에 막 접어든 이억기 사장. 그는 자신에게 주어진 인생 지도와는 전혀 다르게 살아온 전형적인 독립투사형 사업가다. 그는 지금 많은 직원들과 함께 현장에 나가 연구와 작업에 매달리면서 신제품을 만드느라 밤을 새우곤 한다.

이 사장은 모두가 배고프고 힘들었던 시대에 강원도 평창에서 광부의 아들로 태어났다. 집안의 재산이라곤 논 7마지기와 밭 1,500평이 전부였으나 딸린 식구는 9남매나 되었다. 그중 다섯째로 태어난 이 사장은, 집안의 기둥이니 공부라도 가르쳐야 되는 장남과 항상 귀염 받는 막내 사이에 끼어 찬밥 신세였다. 그렇다 보니 무엇이든 스스로 해결하는 것이 자연스레 몸에 배었고, 어떠한 환경에서도 살아남아 목적을 이루고 문제를 해결할 수 있는 용기와 지혜 그리고 끈기가 자생식물처럼 몸속 구석구석에 퍼져 있었다. 이러한 굳은 정신력은 자신을 스스로 책임지게 하였으며, 결국 그것이 지금의 그를 만든 원동력이 되었다고 이 사장은 말한다.

자식에겐 간섭보다는 자율을…

이 사장은 9남매 가운데 다섯째였기 때문에 새 옷을 입어 볼 기회도 없었지만 좋은 점도 있었다. 그것은 행동이나 생각이 둥글어지고 언제나 중간자적 입장에서 세상을 바라볼 수 있어 모나지 않고 주변과 불화 없이 잘 융화하는 성격으로 자란 것이다. 그래서 자연스레 세상을 보는 눈이 긍정적이었고, 인간관계에서도 중재자 역할을 잘 하는 사람으로 알려졌다. 그러자 그의 주변에는 우호적인 우군이 많이 생겼고, 그들은 이 사장이 살아가는 데 많은 도움을 주었다.

특히 이 사장은 9남매나 되는 자식들을 키우면서 자식들의 결정에 전혀 간섭을 하지 않고 자율에 맡긴 아버지의 교육 방법 덕에 자신의 일을 스스로 찾아서 처리할 수 있는 강인함과 자신감 그리고 책임감을 배웠다. 언뜻 보기에는 자유방임 같은 무책임한 자녀 교육이 아닌가 싶지만, 어려서부터 자유에 따르는 책임을 본인 스스로 직접 통감할 수 있는 기회를 주고, 자신의 결정에 따른 과오가 야기한 혹독한 고난과 실수를 노력으로 다시 극복하고 그 과정을 통해 어떤 의사 결정이 좋은 것인지 판단할 수 있도록 능력을 키워주지 않을까.

간섭하지 않고 자율에 맡기면 당장은 삐걱거릴 수 있지만 시간을 갖고 기다리다 보면 자연스럽게 정리가 된다. 시켜서 하는 것보다는 시행착오를 겪으면서 스스로 판단하고 시정하는 과정 속에서 훨씬 더 효과적인 방법을 찾고, 앞으로 다시는 같은 문제로 실패하지 않는 혁명함을 키워줄 수 있으니, 자식을 독립심 강한 사람으로 키우려면 자율, 즉 무간섭이 최고라고 그는 나름대로 주장한다.

자리에 충실하면 미래가 보인다

어제는 과거의 오늘이고 내일은 오늘의 미래이다. 오늘에 충실하지 않으면 과거도 미래도 없는 것이다. 그러나 성공하지 못한 대부분의 사람들을 보면 오늘보다는 미래에 혹은 과거에 집착하고 오늘에 충실하지 않은 경우가 많다. 이 사장은 지금 자신의 자리가 자기에게 걸맞지 않고 대접이 시원치 않다 하더라도 지금의 자리에 충실하지 않고서는 더 좋은 조건의 자리가 보장되지 않는다고 강조한다. 지금 충실한 사람은 옆에서 보는 사람으로 하여금 자기 사람으로 쓰고 싶게 하거나 그를 도와주고 싶게 만든다는 것이다.

이 세상은 절대로 자기 혼자서만은 살아갈 수 없다. 더군다나 성공을 하려면 남의 도움은 절대적인 것이다. 남이란 사업을 하는 사람에겐 고객이 될 수도 있고, 월급을 타는 사람에게는 사장이 될 수도 있으며, 공업을 하는 사람에게는 농업을 하는 사람이 될 수도 있다. 남이 나를 충실하지 못한 사람으로 보거나 신뢰할 수 없는 사람으로 여긴다면 한 세상을 독불장군으로 힘겹게 살아갈 수 밖에 없다.

이 사장은 고등학교를 졸업하자마자 서울로 상경하여 스카이웨이 주유소에서 기름을 파는 영업사원으로 사회생활을 시작했다. 이 사장은 비록 보잘것없는 주유소 영업사원이었지만 그곳에서 최고가 되겠다고 생각했다. 그래서 영업을 잘할 수 있는 방법이 무엇일까 연구하다가 고정 고객이 있으면 좋겠다고 생각하고 택시 회사를 찾았다.

당시에는 택시도 휘발유를 사용했는데, 밤 12시가 되면 통행금지가 있던 시절이라 택시 기사들이 주유소를 찾아가서 기름을 넣고 기름 값을 치른 뒤 다시 회사로 돌아가 택시를 주차하고 집으로 귀가하려면 정신이 없었다. 이 사장은 바로 여기에 착안했다. 택시 기사들에게 시간을 벌어 주면 단골 고객이 될 것이라고 생각한 것이다.

이 사장은 주유표를 만들어 택시 기사들에게 건넨 다음, 전날 밤에는 기름을 넣고 주유표에 기록만 하고 돌아가면 다음 날 이 사장이 회사를 찾아가 수금을 하든지, 아니면 기사가 낮에 교대 근무 중에 들러 계산할 수 있게 하였다. 우선 가까운 택시 회사를 찾아가 기사들에게 기름 주유표를 돌리고, 오고 가며 기름을 넣는 택시 기사들에게도 영업을 했는데 그 결과 엄청난 영업 실적을 거두게 되었다. 게다가 이 사장은 회사 거래처가 생기면 반드시 그 회사 사장님 댁의 보일러용 기름까지 공급해야 직성이 풀리는 그야말로 의욕과 정열의 사나이였다.

용두사미(龍頭蛇尾)가 되겠다

2년 조금 넘도록 물불 가리지 않고 열심히 뛰어다니다 보니 주변에서 자기 일을 저렇게 하면 반드시 성공할 것이라는 말을 자주 듣게 되었다. 은근히 자신의 일이 하고 싶어서 무엇을 할까 아이템을 찾던 중 앞으로는 전자부품 사업이 돈이 될 거라는 친척의 말에, 전자의 전 자도 모르는 인문계 고교 출신 이 사장은 무작정 주유소를 그만두었다.

주유소 사장까지 나서 극구 말렸지만 이 사장의 확고한 의지를 알고는 퇴직금 명목으로 200만 원을 주었다. 그 돈은 당시 보통 월급쟁이의 2년치 월급이었다. 아무리 열심히 일했다 해도 쉽게 줄 수 없는 큰돈이었기 때문에 그는 지금도 주유소 사장님에게 감사하는 마음을 가지고 있다.

이 사장은 이 돈을 종잣돈으로 하여 10평 정도 되는 소 외양간을 빌려 공장으로 개조하고 드디어 뱀의 머리가 되었다. 5명의 직원으로 시작한 공장은 일손이 모자랄 정도로 주문이 많아, 동네 아주머니들에게 부업으로 일감을 맡겨야 겨우 납기일을 맞출 수 있을 정도로 쉴 새 없이 돌아갔다. 당시는 공업화라는 기치 아래 새마을 운동 등을 펼치며 잘살려고 노력하던 시대로 하루가 다르게 발전하고 있었다. 그런 시대적 상황과 맞물려 전자부품의 수요처는 급증하여 공급이 어려울 정도였다.

그런데 거래처에 외상도 많이 깔리고 촌놈이 개천에서 용된 기분이 들 즈음 박정희 대통령이 서거하는 10 · 26 사태가 발생했다. 이 일로 인하여 모든 채무가 동결되는 비상 조치가 취해지고 경제는 급속히 위축되기 시작했다. 이 사장은 거래처에서 외상값이 들어오면 그 돈으로 다시 원자재를 구매하여 생산하는 구조로 회사를 운영해 왔는데, 갑자기 외상값이 한 푼도 들어오지 않게 되자 3개월을 버틸 수가 없었다.

외아들로 만족해야 했던 아쉬움

결국 형제처럼 같이 일을 했던 직원들을 하나 둘 떠나보내고 사업을 접어야만 했다. 이 사장은 비록 사업은 접었지만 미련을 버릴 수 없어 관련 업체에서 일을 하며 와신상담 재기의 기회를 노리고 있었다. 1984년경 사회는 어느 정도 안정을 되찾았고, 이 사장은 다시 전자부품 생산 공장을 차리기 위해 동분서주했다. 창업비가 없어서 이리 뛰고 저리 뛰다가 가까스로 고향 친구에게 500만 원을 빌리고, 친구 형님을 찾아가 지하를 빌려 달라고 떼를 쓴 끝에, 마침내 1984년 서울 신정동에서 평창산업이란 상호를 걸고 다시 전자부품 생산 사업을 시작했다.

이 사장의 성실함을 익히 잘 알고 있던 거래처들은 품질에 문제없고 납기를 잘 맞추는 평창산업에 주문을 하게 되었고, 너무나 바쁜 나머지 큰 사고(?)를 치고 말았다.

이 사장은 9남매나 되는 대가족에서 자랐기 때문에 자식을 많이 가지고 싶은 욕심이 있었다. 결혼한 지 1년 후 아들을 출산한 부인이 산후 조리를 하고 있을 무렵, 한창 회사 일이 바빠서 몸이 열 개라도 힘들 지경인데 4일간 예비군 훈련을 받으라는 통지서가 날라왔다. 이 사장은 생산 관리와 자금 관리, 재료 구매 등 온갖 일을 혼자서 처리하고 있었는데, 하필이면 그때 처음으로 외국 바이어가 방문한다는 연락까지 와서 도저히 공장을 비울 수가 없었다. 전후 사정을 설명하고 연기를 요청하였으나, 더 이상 연기가 불가능하며 불참하면 형사 고발을 한다는 말에 어쩔 수 없이 예비군 훈련장으로 갔다.

그러나 마음은 공장에 가 있어 교육이 제대로 귀에 들어올리 없었다. 그런데 귀가 번쩍하는 공지 사항이 있었으니 바로 '가족계획' 참석자는 훈련을 면제해 준다는 것이었다. 이것저것 생각할 겨를도 없이 가족계획에 동참한다고 손을 들고 훈련장을 빠져나와 보건소가 아닌 회사로 달려가 업무를 거의 다 처리하였을 즈음, 보건소와 예비군 훈련장에서는 무단 탈영이라며 난리가 났다. 결국 이 사장은 보건소로 끌려가다시피 하여 정관 수술을 받았고, 외아들 하나로 만족해야 했다.

아랫사람에게 진심으로 대하면 배신이란 없다

이 사장은 품질은 곧 기업의 얼굴이라 생각하고 항상 품질에 최선을 다했다. 덕분에 납품처에서 품질 최우수상을 수상하기도 하였는데, 이러한 결과를 만들어 낼 수 있었던 근본적인 이유는 직원들이 내 일처럼 생각하고 회사 일을 했기 때문이다. 직원들이 그렇게 일을 할 수 있도록 근무 분위기가 조성된 것은 이 사장의 경영 이념이 '진심으로 대하자' 였기 때문이었을 것이다.

이 사장의 집무실 팻말에는 '대표이사 사장' 이라는 말 대신 '대표사원' 이라고 쓰여 있다. 그는 사원들을 대표하는 사람으로 사원들의 권익을 보호해 주어야 하는 의무가 있는 사람이라는 생각이 앞서 직원들 위에 군림할 수가 없었다. 그 결과

이 사장은 회사 사옥을 준비하고 직원들이 전셋집을 모두 마련한 이후에야 겨우 집 한 채를 장만할 수 있었다. 평소에 이런 처신으로 이 사장은 직원들과 때로는 동료로, 또 때로는 형제처럼 개인적인 인간관계를 형성하게 되었고, 곳곳에서 노사 문제가 심각할 때에도 아무런 문제 없이 지나갈 수 있었다.

유행은 따라가는 것이 아니라 앞서가야 한다

거의 10년 동안 한 가지 아이템만을 생산해 온 이 사장은 사업의 다각화를 꾀할 시간이 왔다고 판단했다. 외국에서 열리는 업무관련 전시회는 무슨 일이 있더라도 꼬박꼬박 참석했다. 그러자 세상이 점차 변화하고 있음을 직감하게 되었고, 변화하는 속도가 점점 빨라지면서 첨단화되고 있다는 것을 몸소 느끼게 되었다.

만약 국내에서 오로지 한 제품만이 최고라며 만족하고 자만심에 빠져 있었더라면 결코 오늘의 이 사장은 있을 수 없었을 것이다. 끊임없는 탐구 정신과 행동으로 옮기는 실천력으로 세계 각국을 돌아다니며 정보를 수집하고 세계가 움직이는 방향으로 사업 품목을 잡았기 때문에 성공할 수 있었던 것이다.

배울 때는 쓸개도 버려라

새로운 아이템을 준비하기 위해 작업을 시작해 보니 한국에는 어떠한 참고 서적도 없을뿐더러 기술 축적이 안 된 상태여서 전혀 도움을 얻을 수가 없었다. 할 수 없이 기술이 있는 일본 기업에 기술 이전 의견을 타진했고, 결국 로열티를 지급하는 조건으로 기술을 전수받는 계약을 하기에 이르렀다.

이 사장은 기술을 배우러 갈 직원을 선정하면서 고민에 빠졌다. 유능한 기술자를 보낼까 하다가 일본이라는 특수한 사정상 한국인으로서의 자존심을 지키면서 독립투사와 같은 정신으로 기술 이전을 받을 수 있는, 농업계와 공업계를 졸업한 25세 청년 3명으로 결정하였다. 이들은 자신의 임무를 정확히 파악하고 있었고, 다른 유능한 직원들을 제치고 자신들이 파견 직원으로 선정된 이유를 알고 있었기 때문에 이 사장으로서는 더 이상 말이 필요 없었다.

"모르는 것이 죄이고 힘없는 것이 약점이다. 아는 것이 힘이기 때문에 알 때까지 배우겠다는 자세로 최선을 다해 배워라. 그래도 모르겠으면 밤새워 배우고 쫓아다니면서 배워라. 그리고 자존심을 버려라."

이것이 일본으로 떠나는 직원들에게 당부한 말의 전부였다.

모르면 모른다고 솔직히 말하라

지금은 코스닥에 상장을 할 정도의 회사로 기술력과 재무 안정성을 갖추고 있지만, 처음 맨주먹으로 시작할 때는 오로지 정신력 하나만으로 불도저처럼 밀어붙였다. 인문계 고등학교 출신으로 기술 관련 업무를 하려니 모르는 것이 너무 많았다. 그럴 때마다 직원들이나 거래처에게 솔직히 모른다고 시인하고 배우는 자세로 임하자 상대방이 그 진실함을 알아보고 기술을 가르쳐 주었고, 실수를 이해하는 과정을 통해 좀 더 발전할 수 있었다. 어느 책에서 읽었던 것 같다. '모르면 모른다고 솔직히 말해야 한다. 그러나 너무 자주 모른다고 하면 곤란하다.'

이 사장은 이런 솔직함과 진실성으로 주위 사람들과 잘 융화하여 어울린다. 아무리 잘난 사람도 혼자서는 살아갈 수 없는 세상이다. 사람들과 부딪히며 살아갈 수밖에 없고, 진실이 아닌 것은 언젠가 밝혀지니, 속인 사람은 반드시 무너지게 되어 있다.

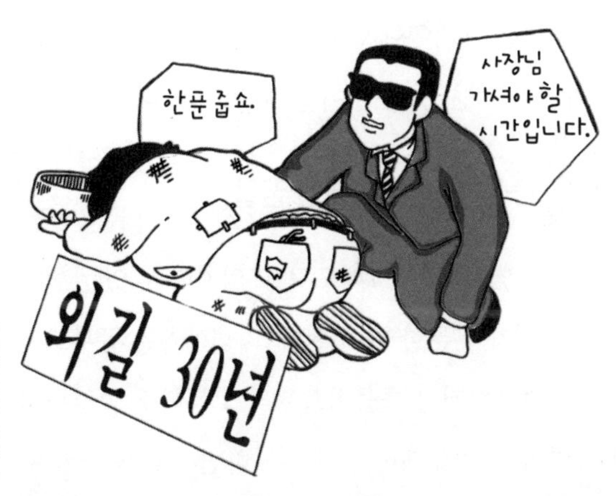

일은 준비하는 마음으로 시작하고 끝났다는 마음으로 끝내라

인류는 지구상에서 수천 년 동안 이어져 온 존재다. '나' 라는 개인이 죽는다고 해서 인류가 종말을 맞이하지는 않는다. 누군가가 새로이 태어나 더 좋은 세상을 만들려고 노력할 것이기 때문이다.

우주의 이러한 섭리를 내 삶에 접목해 보자. 곧 무슨 일을 시작하는 것은 곧 무언가를 하기 위한 준비를 하는 것이고, 목적한 일을 종결하는 것은 또 다른 새로운 일을 위한 준비를 마친 것이라고 생각하는 것이다. 그것은 곧 인생은 언제나 새롭게 발전할 수 있을 것이라는 믿음에서 비롯된다.

이 사장은 대가족에서 자라 유독 가족에 대한 애착이 강하다. 자기가 먹을 것은 태어날 때 가지고 나온다고 했다던가.

가족은 풍성하게, 자식에겐 꿈을

식구가 많으면 잘되는 사람, 못되는 사람이 다 있겠지만, 그래도 믿고 의지할 수 있는 혈육이 있다는 것 자체가 든든한 빽이 된다. 자녀에게는 공부도 중요하고 건강도 중요하지만 초등학교부터 고등학교 졸업까지는 부모가 자녀의 미래에 대해 함께 얘기하면서 꿈을 키워 주는 것이 무엇보다도 중요하다고 이 사장은 말한다. 특히 훌륭한 위인들의 위인전을 같이 읽으면서 아이들에게 스스로 미래를 설계하고 꿈을 만들어 나가게 해야 한다는 것이다. 그 꿈이 바로 오늘의 자신을 만들었기 때문이다.

모르면 모른다고 솔직하게 밝히고 최선을 다해 배워라.

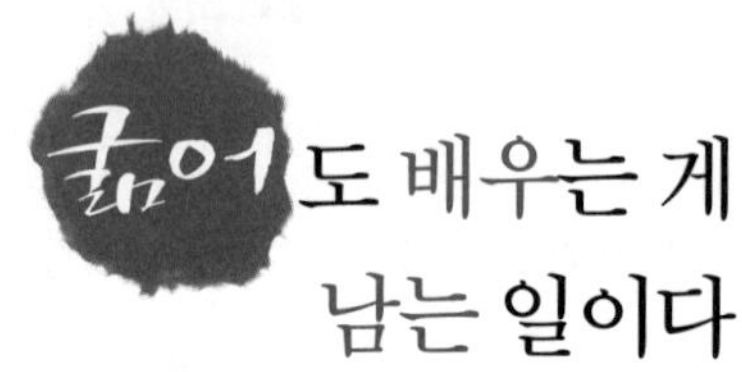

굶어도 배우는 게 남는 일이다

때늦은 후회는 돌이킬 수 없다

강남의 번화가인 제일생명이 위치한 사거리 모퉁이에 조금 오래된 듯한 건물. 주렁주렁 붙어 있는 간판들 사이에 이 글의 주인공인 변리사 백선욱의 소박한 간판이 걸려 있다.

백 변리사는 현재 78세로, 작년에 아내를 잃고 혼자 살고 있다. 그는 보유 중인 현금만 150억을 족히 넘으니 부자라고 부른들 가히 손색이 없을 것이다. 백 변리사는 우리나라 최고의 시설을 자랑하는 실버타운인 용인의 노블카운티에서 거주하고 있는데, 기사가 운전하는 차를 타고 강남으로 출퇴근을 한다.

자식은 이제 서른 살이 된 아들 하나인데 외국에 유학 중이고, 아내마저 병으로 세상을 떠나보내고 나니 고독이 가장 큰 적이요 외로움이 큰 병이 되었다. 더군다나 가지고 있는 큰돈은 마음의 짐이고 미련의 화신이니 이래저래 속상한 일만 생긴다.

누가 그랬던가. '노세노세 젊어서 노세, 늙어 지면 못 노나니.' 가진 것은 돈과 시간뿐인데 같이 놀아 줄 사람은 없고, 여행 좀 다니려도 다리에 힘이 없고 부축해 줄 동반자도 없다. 늘그막에 배운 골프마저 늙은이는 게임에 방해가 된다고 끼워주지 않는다. 왜 좀 더 젊었을 때 친구를 취하지 못하고, 즐겁게 살지 못했나! 왜 돈만 쫓았던가. 북망산이 가까이 있는데 재산은 자꾸만 더 쌓이고, 헐어 버리려 해도 젊었을 때 고생이 눈앞에 어른거려 차마 그러지도 못한다. 그렇다고 두 손에 꼭 쥐고 있으려니 지난 과거가 후회되고, 이제야 그런 생각을 한들 젊음이 다시 오랴!

맨손으로 남하하다

백 변리사는 원래 이북 평안도 출신으로 1 · 4 후퇴 때 어머니만을 모시고 남하하여 일가를 일군 사람이다. 백 변리사의 가문은 평안도에서 아주 큰 부자로 유명했다고 한다. 말 그대로 동네 한 바퀴를 돌자면 내 땅 밟지 않고는 돌 수 없는 지주로서 대단한 위세를 떨친 집안이었는데, 6 · 25 이전에 공산주의 정부가 들어서면서 서서히 가산을 빼앗기기 시작했다. 부모님과 형제들은 가산을 유지하기 위해 고향을 버리지 못했지만, 막내인 백 변리사는 전쟁의 회오리 속에서도 하던 공부는 마저 끝내야겠다고 생각하여 남한으로 내려오게 되었다.

그러나 남한에 와서 보니 남과 북이 거의 같은 형편이어서 뾰족한 수가 없기는 마찬가지였다. 그러나 북에서 고등학교까지 마쳤고, 모두가 반대하는 남한행을 결심한 이유도 서울대학에 들어가려던 것이었기에 목표를 이루기 위해 갖은 노력을 다했다. 결국 전쟁 때문에 임시로 부산으로 거점을 옮긴 서울대학에 가까스로 입학하기에 이르렀는데, 이번에는 학비가 걱정이 되었다.

굶어도 공부해야만 나중에 배불리 먹을 수 있다

피난민들이 어지럽게 헤매던 아수라장 속에서도 책가방만은 항상 옆구리에 끼고 다니면서 공부를 하여 입학한 서울대학이건만 학비 걱정은 피할 수가 없었다. 그 누군들 밥벌이가 쉽지 않았던 전쟁터에서 가진 것 없이 남하한 유학생으로서는 하루 끼니를 해결하는 것도 큰 고민이었다. 고철을 주워 팔고 지게질을 하면서 한 푼 두 푼 모은 돈으로 학비를 내고, 일본으로 오가는 배편을 이용해 책을 사서 공부를 하였지만 역시 혼자서 감당하는 것은 무리였다.

방법은 하나. 그는 군대에 입대하는 것이 최선이라 판단하고, 잠시 휴학을 하고 전쟁 말기에 군대에 자원 입대하게 되었다. 그래도 고학력자라고 장교로 가게 되었고, 전쟁이 끝나자마자 제대하여 복학을 하려고 했다.

그런데 문제가 생겼다. 학교에서 복학을 받아 주지 않는 것이었다. 군대를 가려고 휴학 신청을 했을 때 학비 정산이 제대로 안 되어 제적 처리된 것이 이유였다. 백 변리사는 학교 관계자에게 통사정하여 경위를 설명하고 나서야 간신히 학적부를 재정리하고 복학할 수 있었다. 군대에서 받은 월급을 한 푼도 쓰지 않고 모아 두어, 학비 걱정하지 않고 마음껏 공부만 할 수 있는 공학도로서 새로운 출발을 시작했다.

시험 덕에 높은 자리 오르다

막상 졸업을 하고 나니 일할 자리

가 많지 않았다. 당시는 은행에 취직하거나 선생님이 되면 잘 된 것이었고 일반 기업체는 찾아보기 어려워서 기대에 찬 사회생활의 시작은 흡사 시린 겨울 같았다. 선배들을 찾아다니고 여기저기 기웃거리면서 일자리를 찾던 중 마침 공무원 채용 공고가 나왔다. 우선 취직이라도 해야겠다는 생각에 원서를 내고 시험을 보았는데 일등으로 합격을 했다. 그렇게 해서 백 변리사는 공무원으로서 사회에 첫발을 내딛게 되었다. 지금의 특허청의 전신인 기관에서 6급으로 시작하게 된 것이다.

그런데 6개월쯤 지나니 주위 사람들이 진급 시험을 준비하는 것이 아닌가! 공무원 초년병이라 아무것도 몰랐던 백 변리사는 주위 사람들에게 물어물어 총무과에서 진급 예정자들이 미리 공부를 할 수 있도록 배려해 준다는 것을 알게 되어 그 길로 총무과를 찾았다. 그러나 고참들에게는 앞뒤가 꽉 막힌 초년병이 한없는 무지렁이로 보였는지 진급 시험을 치를 기회를 주지 않았다. 당시는 무엇 하나 제대로 틀을 갖춘 것이 없는 격동의 시대여서 공무원들은 6개월에서 1년이면 한 단계씩 진급할 수 있었다.

1년이 지나자 동료들은 하나 둘씩 사무관으로 진급을 하는데 정작 일등으로 들어온 자신은 진급을 하지 못하고 한숨만

쉬고 있었다. 그러자 동료가 "맨입으로 진급이 가능하냐, 직속상관과 인사 담당자를 찾아가 인사해 봐."라고 일러 주었다. 그는 그제야 사회 돌아가는 감을 잡고, 소위 만두를 빚으니 곧 시험을 치를 기회가 주어졌다. 평소 공부라고 하면 굶더라도 해야 한다는 신조가 있던 터라 바로 승진 시험에 합격하고 마침내 사무관에 보임되었다.

이후 그는 꾸준하게 승진을 거듭하여 1급까지 올라갈 수 있었고 차관이나 장관 자리까지 기대하고 있었으나, 전두환 정권이 들어서면서 퇴직을 종용받아 본의 아니게 옷을 벗고 야인으로 나서게 되었다.

윗사람일수록 겸손하고 친절하며 솔선수범해야

현직에 있으면서 담당한 일은 주로 특허 관련 업무였다. 일제 강점기 때 소학교를 마쳤기 때문에 일본어를 아주 유창하게 구사할 수 있었던 백 변리사는, 당시 특허 관련 법규를 새로이 제정하느라 일본의 법규와 일본에서 시행되고 있는 저간의 사정을 파악하고 들여올 수 있는 적합한 인물로 선정되어 자주 일본을 드나들었다.

다른 일행들은 아랫사람들이 가져온 일본 법률서나 뒤져 보면서 자구 수정따위에나 신경을 쓰고 있을 때, 백 변리사는 실제로 특허를 제출하는 일본의 관련 회사들을 직접 방문하여 회사 사람들과 진행 과정 및 애로 사항, 그리고 현실에 적용되어 실제로 이루어지고 있는 현황을 파악하였다. 그러다 보니 소니, 도시바, 미쓰비시, 도요타, 후지, 후지쓰 등 일본 굴지의 대기업 관계자들과 돈독한 유대 관계를 맺고 우정을 쌓을 수 있었으며, 실제 현장에서 어떻게 특허를 준비하고 어떤 과정을 통해 특허를 제출하는지, 그리고 특허받은 권리를 어떻게 사용하고 있는지 자세히 알게 되었다.

1970년대에 들어서면서 선진국을 필두로 점차 지적 소유권에 대한 개념이 세계적으로 확산되어 갔고, 각국에서는 개발도상국인 한국에서 특허를 선점하기 위해 특허 관련 업무가 바빠지기 시작했다.

도전 정신만이 성공의 키워드

경제개발 5개년 계획의 성공적인 실천으로 공업 기반이 다져지자, 일본은 우리나라에서 특허권을 선점하기 위해 특허권을 제출할 수 있는 변리사를 찾으려고 백방으로 노력하고 있었다. 당시 변리사법에는 특허 관련 업무에 5년 이상 사무관으로 근무하면 변리사 자격을 자동적으로 부여하는 조항이 있었다. 이에 따라 백 변리사는 자동으로 변리사 자격증을 취득할 수 있었다.

특허 관련 전문가를 찾던 일본 기업체에서는 평소 가까이 지내던 백 변리사에게 접근하였다. 특허 관련 법률을 직접 입안하고 실무를 오래 경험하였으며, 현직 사람들과 유대관계가 좋고 성실하고 소탈했기 때문에 이만한 인물도 없다고 생각한 일본인들은 백 변리사에게 공직에서 물러나 함께 일해 보지 않겠냐고 제의하였다.

많은 조건을 내걸고 일본의 모든 특허를 전담해 달라는 적극적인 제의에 백 변리사는 가족회의를 열었다. 그러나 당시 모시고 살던 노모가 "안정되고 정년이 보장된 좋은 직장에서 높은 자리를 차지하고 있는데 왜 그만두려 하느냐? 절대로 안 된다."라며 강력히 반대하였다. 부인 또한 미래가 확실하지 않다면 계속 공무원 생활을 하라고 말려서 어쩔 수 없이 그대로 공무원 생활을 하기로 하였다.

그러나 백 변리사는 도전해 보고 싶다는 생각을 떨칠 수가 없었다. 도전이란 불확실한 미래를 현실로 개척할 수 있는 유일한 방법이다. 자신을 믿고 일을 맡긴다는 고객이 있는데도 불구하고 도전을 포기해야 한다니 미련을 버릴 수가 없었던 것이다.

기회를 잃었다고 사람마저 잃으면 안 된다

가족, 특히 노모에게 상처를 주지 않기 위해 큰 기회를 놓친 백 변리사는 일본 기업들에게 한 가지 제안을 했다. 그는 자신의 어쩔 수 없는 상황을 설명하고, 다른 변리사를 선택하더라도 무료로 법률적인 자문과 실무적인 처리를 조언하고 협조하겠다고 약속하여 인간적인 관계를 유지해 나갔다. 그로 인해 일본 기업들은 백 변리사를 의리 있는 사람, 인과 효를 겸비한 성실한 사람으로 평가하게 되었다. 오히려 아주 좋은 평판과 명망을 얻어 향후 발전할 수 있는 토대를 마련하게 된 것이다.

자신에게 온 기회를 놓치면 인간관계마저 서먹서먹해지는 일이 종종 있지만, 백 변리사의 경우 관계를 더욱 돈독히 하는 결과가 된 셈이다. 그러던 중에 정치적 변화가 일어나 군인들이 정권을 잡으면서 백 변리사는 자리에서 물러나게 되었다. 퇴직 당시 정부에서는 국영 기업체의 임원 자리를 5년간 보장해 주겠다고 하였으나, 백 변리사는 끝내 거절하고 당당한 자유인이 되기로 결심했다.

월급쟁이는 돈 버는 데 한계가 있다

국영 기업체의 임원을 고사한 백변리사는 즉시 변리사 사무실을 개업했다. 그리고 오랜 친구로 지내 온 일본 기업들을 찾아가 업무 협조를 부탁했다. 그런데 생각지도 못한 일이 발생했다.

변호사는 어떤 계약서를 공증하면 공증 금액에 따라 수수료를 받는다. 즉, 공증 금액이 더 많다고 서류를 더 작성하는 것이 아니라 같은 서류를 작성하더라도 공증한 금액에 따라 수수료가 달라지는 것이다. 이는 특허 분야도 마찬가지였다. 수수료 체계가 일본 기업의 매출 예상액을 기준으로 계산되었기 때문에 한 달 수입이 수억에 이르렀던 것이다. 돈이 얼마나 들어오는지 세어 볼 틈도 없이 어느새 가족 모두가 평생 쓰고도 남을 돈을 벌어들였다.

그때까지 가족들은 가장의 공무원 생활에 익숙했던 탓에 안 먹고 안 쓰다 보니 그저 버는 대로 차곡차곡 돈이 쌓였다. 한 번 들어온 돈은 다시 나갈 줄을 모르고 부동산이 되고 채권이 되어 결국 100억 원이 넘는 자산을 모으게 된 것이다.

공무원으로 일하며 평생 받았던 월급을 단 1년 만에 벌 수 있었던 것은 그래도 공무원 시절 자기 자리를 탄탄히 지키고 본분을 다하면서 성실하게 일했기 때문이라고 그는 생각한다. 뿐만 아니라 학창 시절에는 열심히 공부하고 사회생활을 하면서는 좋은 인연을 끝까지 유지했던 것이 백 변리사가 돈을 버는 데 가장 큰 일조를 한 것 같다.

돈은 쓸 만큼만 벌었으면 욕심을 버려라

백 변리사는 돈 쓰는 법을 제대로 배우지 못했다. 그러다 보니 돈을 모으는 재미만 알았지 돈을 제대로 쓰고 관리하는 법은 알지 못했다. 그런 이유로 쓰고 남을 만큼의 돈을 가지고 얼마든지 즐기면서 살아갈 수 있을 텐데도 칠십이 넘도록 그러질 못했다.

어느 날 백 변리사는 아내에게 "이제 돈은 벌 만큼 벌었으니 쉬면서 여행이나 다니고 싶군." 하고 말했다. 그런데 아내는 "한 달이면 1억 이상을 버는데 왜 지금 그만 둬요, 정신 나갔어요?"라며 핀잔을 주었다. 그는 더 이상 말을 못하고 계속 일했다. 그러나 정작 아내는 그로부터 1년도 안 돼 세상을 떠나고 말았고, 백 변리사는 땅을 치며 뒤늦게 후회했지만 소용없는 일이었다.

여행을 다니고 싶어도 다리가 불편해서 못하고, 골프를 하려 해도 힘이 없고, 친구들은 대부분 사망하여 어울릴 사람도 없고, 젊은 시절 돈만 보고 달려온 터라 새삼 다 큰 자식의 마음을 잡기도 어렵다.

백 변리사는 여러 가지로 인생을 잘못 살았다는 생각이 많다. 특히 돈에 있어 자신의 목표점에 도달했을 때 더 이상 욕심을 부리지 말았어야 했다는 후회가 크다. 지금에 와서는 돈을 관리하는 어려움과 세금에 대한 두려움, 그리고 자신이 죽고 나면 과연 아들이 재산을 잘 관리할 수 있을까 하는 의구심이 더해져 오히려 돈이 없었을 때보다 마음 고생이 더 크다.

젊은이에게 이 한 마디는 하고싶다

이 세상을 살아가는 데 돈은 반드시 있어야 된다. 그러므로 돈을 벌기 위해 노력해야 한다. 인생에서 기회는 그리 많지 않기 때문에 기회가 왔을 때 과감한 도전 정신을 발휘해야 한다. 도전을 위한 지식은 평소 머릿속에 가득 채워 두어야 하고, 사람과의 신의를 중요시 여겨야 한다. 인생에는 다시 돌아오지 않는 시간이 주어지는 나이가 있다. 그 나이에 맞게 사는 것이 돈보다 더 중요할 수 있다. 돈을 벌겠다는 목표를 세우고 그 목표에 도달하면 더 이상의 욕심은 버려라. 돈에 있어서 만큼은 적정한 것이 가장 좋은 것이며, 지나침이 있으면 이는 화와 근심을 불러 육체적 편안함보다 마음의 병이 더 크기 때문이다.

Tip

도전은 성공으로 가는 길이지만 행복으로 가는 길은 욕심을 버리는 것이다.

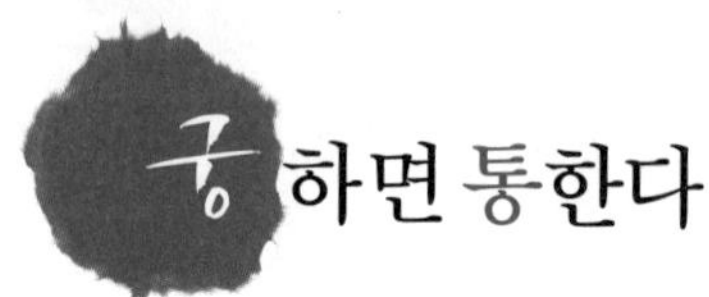

궁하면 통한다

배우는 데도 돈이 들어간다

전라도 강진, 거기에서도 한참을 더 들어간 곳에서 태어난, 전라도 사투리가 구수한 50대 후반의 김말순 여사. 이제는 편안하게 노후를 보내고 있지만, 지금이 있기까지 그녀는 그리 순탄하지 않은 인생을 살아왔다.

평범한 회사원과 결혼하여 단칸방 월세부터 시작해 아이 둘을 키우면서, 집 늘려 가는 재미로 쓸 것 안 쓰고 먹을 것 안 먹고 저축하여 겨우 아파트 한 채 장만했다. 그동안 애들 키우고 집 장만하는 데 번 돈을 모두 투자했으니 노후 설계를 했을 리 만무했다. 그런데 남편이 다니던 회사에서는 나이가 있으니 그만 퇴직하라고 하니 눈앞이 캄캄해지는 것 같았다.

김 여사는 88 올림픽이 개최되던 시기에 주식이라는 것에 눈을 돌린 적이 있었다. 남편 몰래 모아 둔 돈으로 주식에 투자하면서 100만 원, 200만 원 까먹기 시작하자 원금을 찾을 생각에 주식 공부를 시작했다. 나름대로 원칙을 세워 두고 분석하며 전문가의 조언을 토대로 투자를 계속했지만 결국 10년 사이에 2,000만 원을 모두 날려 버렸다. 그때 이후로 매일 보던 신문과 경제 방송, 주식 관련 뉴스를 딱 끊고 주식의 유혹을 뿌리치기 위해 온갖 노력을 다했다.

퇴직금을 굴릴 곳이 없더라

남편은 수십 년간 고생하면서 일한 대가로 2억 5,000만 원을 퇴직금으로 받아 왔다. 애들은 아직 학생이었고 다른 수입이 없어 일단 퇴직금을 투자신탁에 맡겼다. 이자는 연간 10.5%. 지금에 비하면 엄청나게 높은 금리지만 이자만으로 생활비를 충당하기에는 너무 빠듯한 살림이었다.

결국 김 여사는 1년치 생활비로 보통예금에 넣어두었던 2,000만 원을 찾기로 결심했다. 그동안 두 번 다시 주식에 눈

길을 주지 않기로 결심하였으나 당장 생활이 쪼들리자 방법이 없다고 판단하고, 남편 몰래 찾은 2,000만 원으로 주식 투자를 시작했다.

당시 우리나라는 BUY KOREA 열풍이 서서히 불기 시작할 무렵이었다. 주가지수는 300에서 650을 넘나들었다. 김 여사는 과거에 10년간 주식을 하면서 돈은 벌지는 못했지만 나름대로 몇 가지 철칙을 가지고 있었다. 그중 하나가 주가지수가 최저점에서 최고점을 찍고 내려오고, 최저점과 최고점 차이의 3분의 1만큼 내려왔을 때 주식을 매수하면 무조건 손해를 보지는 않는다는 것이었다. 예를 들어 최저점 300과 최고점 650의 차이가 350임을 감안하면, 350의 3분의 1인 약 120이 내려가 530이 될 때 주식을 사면 손해를 보지 않는다는 것이다.

김 여사는 자신이 정한 시기를 기다렸다가 당시 주식시장을 이끌고 있던 현대증권에 2,000만 원을 투자했다. 그런데 어찌된 일인지 사자마자 주가지수가 올라가 두 달이 채 못 되어 4,000만 원이 되었다.

시류의 기회는 놓치지 말라

상황이 이렇게 되자, 김 여사는 남

편에게 주식에 투자한 사실을 고백했다. 그리고 "투자신탁에 예탁한 퇴직금의 이자로는 도저히 생활이 안 되니 허락을 한다면 주식을 하겠어요. 단 5,000만 원을 손해 보면 바로 정리하고 더 이상 주식을 하지 않을게요"라고 약속하고, 남편에게 퇴직금을 사용해도 좋다는 허락을 받았다.

김 여사의 각오는 비장하다 못해 처절했다. 만약 퇴직금을 날리면 온 가족의 생계가 막막해지기 때문이었다. 그녀는 아침에 눈을 뜨자마자 각종 경제 신문을 살펴보고, 각 증권 회사 사이트에 들어가 리서치 자료를 검토했다. 장이 시작하기 전에 어떤 종목에 어느 정도의 매수 · 매도 수량이 있는지를 알아보고, 금리 동향과 원과 달러의 환율을 체크하면서, 관심 있는 상장 회사가 있으면 그 주식 담당자에게 전화를 걸어 이것저것 물어보는 등 피나는 공부와 연구를 계속했다. 특히 매일 새벽 미국 시장이 끝나면 그 소식을 제일 먼저 듣기 위해 미국에 있는 친척에게 부탁해서 팩스로 자료를 받아 보고 장 시작 전에 미국 시장의 동향에 대해서도 조사하였다.

당시 우리나라는 주식만이 한국을 IMF에서 건질 수 있다고 보고 외국의 투자를 적극 유치하는 상황이었다. 따라서 김 여사는 어느 정도까지는 주식으로 돈을 벌 수 있을 것이라 판단하고, 평소 눈여겨 두었던 포항제철, LG화학, 현대자동차를 선택해서 1년에 20%는 먹겠다는 생각으로 2억 원을 투자했다. 나머지 5,000만 원은 BUY KOREA 열풍으로 후끈 달아오른 현대증권이 간접상품으로 팔고 있는 나폴레옹 성장형에 저축을 했다. 한 달이 안 되어 투자한 주식이 20% 이상 수익을 내자, 이제는 주도주에 '몰빵'을 해야겠다고 판단하고 LG증권과 현대증권에 전액을 투자했다. 두 달이 되자 투자한 돈은 배가 되었다.

눌림목은 나만의 투자 기법

나폴레옹 성장형이 3개월 후 87%의 수익률을 내자 김 여사는 미련 없이 해약을 했다. 간접상품이 그 이상의 수익을 낸다면 운영 회사에서 향후 다른 상품을 운용하는 데 상당한 애로점이 있을 것이라고 판단했기 때문이다.

이미 2배 이상의 수익을 낸 김 여사는 대형 우량주에 잠시 투자했다가 집을 사야겠다고 생각했다. 그래서 대형 우량주에 투자하여 목표한 20%의 수익을 내고 모두 정리하고 나왔다.

이제 집을 장만하려고 강남의 아파트를 보러 다니던 중 종

합주가지수가 속락하는 것을 보고 다시 주식 투자를 해야겠다 마음먹었다. 그러나 남편이 극구 반대를 했다. 이때 김 여사는 눌림목 이론을 주장했고, 그것을 들은 남편은 다시 주식 투자를 하는 것에 동의했다.

눌림목 이론이란 앞에서도 말했듯이, 주가지수 최저점과 최고점 차이의 3분의 1 이상이 최고점에서 하락했을 경우 눌러도 더 이상 내려갈 수 없는 병목 현상이 발생기는 지점을 말한다. 따라서 눌림목이 되는 곳에서는 반드시 반등을 하기 때문에 매매 차익을 챙길 수 있다는 것이다.

아쉽다고 느낄 때 정리하자

얼마간을 기다리자 드디어 원하는 주가지수에 도달하였고, 김 여사는 약세장일 경우 금융주가 어렵다고 판단하여 좀 무겁다는 현대자동차를 주당 21,000원에 10,000주, 현대전자를 주당 17,000원에 24,000주를 샀다. 그리고 현대자동차를 주당 45,000원에, 현대전자를 주당 35,000원에 모두 팔고 나왔다. 곧바로 현대전자가 유 · 무상 증자가 있다는 소식에 18,000주를 사서 유 · 무상 증자를 받아 매도하여 1억 원의 차익을 얻게 되었다.

이후 모든 주식을 정리한 김 여사는 이제 마지막으로 삼성전자를 사서 장기적으로 보겠다고 판단하고 18,000주를 주당 240,000원에 사서 잠시 기다렸는데 그 사이 310,000원이 넘어서자 그것도 모두 정리해 버렸다. 불과 1년 남짓한 기간 동안 퇴직금 2억 5,000만 원이 20배 이상의 큰돈이 되어 돌아왔다.

김 여사가 그간 주식시장에서 배운 것이 있다면 시작할 때와 떠나야 할 때를 가려야 한다는 것이다.

시장은 채권에서 주식으로, 주식에서 부동산으로 흐른다

김 여사는 시장의 흐름이 채권에서 주식으로, 다시 주식에서 부동산으로 이동한다는 것을 체감하여 배운 터라 주식시장이 서서히 기울어 간다고 판단이 서자 이제 부동산에 투자해야겠다고 생각했다. 당시 살고 있던 집은 가치가 별로 없었기 때문에 집도 장만할 겸 이곳저곳을 다니다가 향후 재건축이 가능한 아파트가 돈이 되겠다고 판단하고 가급적 대지 지분이 많은 강남의 아파트를 찾기 시작했다. 재건축을 할 경우 대지지분이 클수록 큰 평수의 아파트를 받을 수 있을 것이기 때문이었다.

김 여사가 제일 먼저 산 집은 강남의 청실아파트였다. 1999년 당시 35평형을 3억 500만 원에 사면서, 부동산은 도망가지 않는다는 확신을 가지고 앞으로 5년은 아파트에 투자하기로 마음먹었다.

아파트 살 때 대지지분이 많은 것을 사라

그런데 재건축을 기대했던 청실아파트의 재건축 문제가 계속 지연되자 불안해진 김 여사는 2001년 11월에 재건축이 임박한 영동아파트 13평형을 1억 9,800만 원을 주고 샀다. 김 여사는 여러 가지 사항을 두고 판단했는데, 가장 기준이 되었던 것은 주변 시세와 차이가 있는 것을 고르는 것이었다.

영동아파트의 경우 재개발이 되면 25평형을 받는데, 당시 주변의 25평형 아파트가 5억 정도가 되는데 반하여 앞으로 추가로 납부해야 할 분담금은 약 8,000만 원 정도였다. 지금 2억 원을 주고 사더라도 5년 후에는 5억이 되어 투자 금액 대비 100%의 수익이 예상되므로 투자하는 것이 좋겠다고 판단한 것이다. 그런데 예상을 뒤엎고 매입한 지 6개월 만에 시세가 4억 원으로 올라 초과 수익을 얻게 되었다.

정부가 규제를 시작하면 규제에서 제외되는 부동산을 노려라

2002년 중반부터 부동산 값이 출렁거리기 시작하면서 대다수의 강남 부동산 값이 엄청나게 올랐다. 특히 부동산 값을 상승시키는 주된 원인이 재건축 대상 아파트에 대한 투기적인 수요라고 알려지면서 정부는 재건축에 대한 제재를 준비하기 시작했다. 신문과 방송에서는 재건축에 대한 규제가 있을 것이며, 재건축 허가 요건을 강화하고 작은 아파트를 짓게 하는 등 재건축에 대한 이점을 없애기 위해 노력한다는 소식이 연일 보도되었다.

김 여사는 그렇다면 자신이 가지고 있는 청실아파트는 재건축이 어려울 것이고, 계속되는 정부의 규제로 인해 더 이상 값이 급등할 여력이 없을 것으로 판단하고 청실아파트를 팔았다. 대신 이미 재건축 승인을 받은 것은 상대적으로 값이 더 올라갈 여지가 크다고 생각하여 재건축 승인을 받은 대치 도곡 제2아파트를 샀다. 2003년 1월의 일이었는데 가격은 이미 상당히 올라 있어서 13평형이 7억 원이나 되었다. 그러나 김 여사는 안 되는 쪽이 있으면 되는 쪽의 값은 오르기 마련이라고 생각하고 과감하게 투자한 것이다. 결과적으로 김 여사의 판단은 옳았다. 7억에 산 아파트는 현재 8억 5,000만 원의 시세를 형성하고 있다.

전체 유동자산 중 65%만 투자하라

김 여사는 불과 5년 남짓한 기간 동안 평생 여유롭게 생활할 수 있는 재산을 모았지만, 지금도 2억 원을 주식 계좌에 입금해 놓고 매일 두뇌 운동을 한다. 자금 여력이 있다 보니 욕심은 사라지고 두둑한 배짱이 생겨 일희일비하는 개미에서 벗어나 게임을 즐기듯 주식 매매를 하고 있다.

전 재산을 투자해서 주가가 오르내릴 때마다 조마조마해 하는 마음을 생각하면 주식은 하지 말아야 한다. 그러나 한편으로 여유 자금이 있다면 한 번쯤은 해 볼 만하다. 이때 반드시 명심해야 할 것은 전체 유동자산 중 65% 이상을 투자해서는 안 된다는 것이다. 비상 자금이 있거나 생활비가 충분하다면 주가가 올라갈 때까지 기다릴 수 있는 여유가 생겨 크게 손해 보는 일 없이 이익을 남길 수 있을 것이다. 특히 주식의 그래프는 꼭지점과 바닥이 한정되어 있다는 것을 인식해야 한다.

자식은 돈보다 정으로 살았으면…

김 여사는 젊어서 못 먹고 못 입고

살았어도 자식들은 제대로 공부시키고 굶기지 않으려고 노력했으니 여한은 없다. 지금은 그저 자식들이 자기가 하고 싶은 일을 하면서 열심히 살아 주길 바랄 뿐이다. 자식들이 부모 때문에 고민을 하거나 부모가 자식들의 삶에 방해가 되는 일은 없을 것이다.

김 여사는 좀 더 나이가 들어 애들을 독립시키면 남편과 함께 노인들만 모여서 사는 곳에서 따로 살고 싶다고 말한다. 그러면서 자신들이 하지 못한 것을 자식들이 즐길 수 있도록 여건을 만들어 준 것으로 만족하고, 자식들이 삶을 즐기는 것을 보기만 해도 행복하다고 했다. 마지막으로 김 여사는 자식들이 성공하여 높은 자리에 오르는 것보다 그저 인간적으로 잘 살기를 바랄 뿐이라며 말을 마쳤다.

투자는 시작할 때와 떠나야 할 때를 구분해야 성공한다.

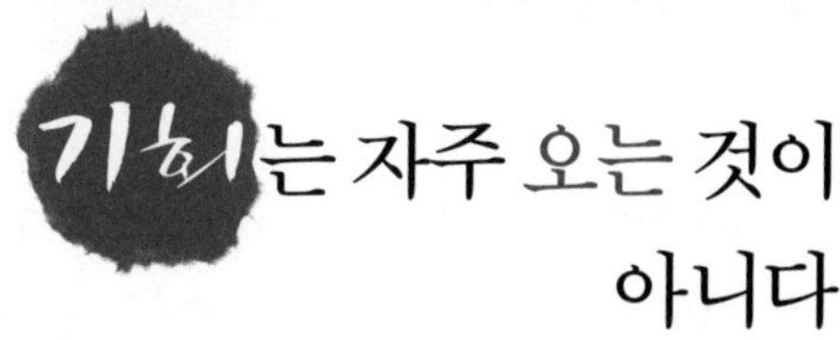

기회는 자주 오는 것이 아니다

한직이라도 미래를 보고 일해라

서울 강남 대치동에 사는 김주영 씨는 부동산 부자로 불린다. 은행 잔고는 2억 원 정도에 불과하지만 부동산 자산을 합치면 60억 원이 훨씬 넘기 때문이다. 김주영 씨는 부모의 재산으로 부자가 된 것이 아니라 전형적인 자수성가형 부자다. 그렇다고 그는 사업을 크게 일으킨 사람도 아니다. 그저 평범한 월급쟁이였지만 단 한 번의 선택과 그 이후 마주친 여러 번의 기회를 잘 이용하여 그야말로 지금의 부를 이룬 것이다.

김 사장은 얼마 전까지만 해도 평범한 직장인으로서 빠듯한 월급으로 살아가는 전형적인 한국의 월급쟁이였다. 김 사장은 20년 전인 1980년대 초 대기업에 입사하면서 사회에 첫발을 들여놓았다. 그 이후 가정을 이루고, 아껴서 저축한 돈으로 조그만 집과 소형 승용차도 마련했다.

김 사장은 지난 직장 생활을 되돌아보면 다른 사람들과 특별히 다른 점을 발견하기 어렵고, 오히려 조금 뒤처졌던 것 같다고 말한다. 다만 그는 묵묵히 일하면서 자기 업무 분야의 미래를 제대로 읽었다는 것이 다른 사람들과의 차이라고 했다. 그것이 오늘날 누리는 경제적 안정과 인생의 활력소를 이룬 계기가 되었다는 것이다.

현재보다는 미래를 위해 투자하라

김 사장은 직장 경력 면에서 보면 다른 사람들에 비하여 불리한 점이 훨씬 많았다. 대학에서 국문학을 전공한 김 사장은 졸업 당시 변변한 자격증도 없었고, 그렇다고 해서 다른 사람들보다 뛰어난 능력을 갖춘 것도 아니었다. 그는 운 좋게 대기업에 입사하여 처음에는 인사 관련 부서에 배치됐다가 3년 뒤에 총무과로 자리를 옮겼다. 대기업이긴 해도 총무과에서 회사의 궂은일을 도맡아 했기에 김 사장은 직장 생활에 비전이 있다는 생각이 들지 않았다.

그러던 차에 김 사장은 회사의 업무용 토지 매입을 위해 사전 탐사를 하고, 좋은 위치의 부동산을 발견하면 전국 어디라도 달려가 지점을 개설하는 업무를 맡게 되었다. 이 일은 이전의 부동산 관련 지식을 필요로 하는 업무라 스트레스가 심했고, 잦은 출장으로 몸도 마음도 힘들었다.

과중한 업무에 지쳐 가고 있었지만, 위기가 곧 기회라고 생각한 김 사장은 부동산과 관련된 분야의 자격증을 따야겠다는 생각을 하게 되었다. 그래서 준비하기 시작한 것이 공인중개사 자격증이었다. 그는 회사 일이 끝나고 난 뒤에 밤늦도록 공부하여 시험 준비를 시작한 지 6개월 만에 자격증을 땄다.

그런데 예상과 달리 공인중개사 자격증을 땄다고 해서 곧바로 회사 업무에 큰 도움이 된 것은 아니었다. 부동산 분야는 이론적인 지식보다 현장에서 얻은 경험과 지식이 더욱 중요했기 때문이다. 그러나 실무 경험이 늘어 이론적으로 체계적인 지식이 필요하게 되면서 자격증을 취득한 보람이 조금씩 현실로 나타나기 시작했다. 그는 이론과 실무를 겸비한 투자 전문가로 거듭나게 되었던 것이다.

자격증이 있으니 좋더라

김 사장은 부동산 업무를 담당하면서 부동산 시장을 눈여겨보게 되었다. 그리고 우리나라에서는 부동산이 유망한 투자처라는 생각에 확신을 갖게 되었다.

샐러리맨인 자신의 처지로서는 월급만으로 뛰어오르는 물가와 벌어지는 소득 격차를 도저히 따라잡을 수 없다고 판단한 김 사장은 준비할 수 있는 범위 내의 자금을 모두 끌어다 부동산 투자를 하기로 했다. 어차피 모을 수 있는 자금이 얼마 되지 않아서 서울 소재 부동산 투자는 생각할 수 없었기 때문에, 고민 끝에 미래 가치가 있는 지역을 골라 투자하고 기다려 보기로 마음먹었다.

그는 투자할 곳을 찾던 중 수원 아래에 있는 화성 지역이 수도권 팽창 속도로 보아 유리하다는 판단이 섰다. 그리하여 1991년에 화성시에 있는 토지에 투자하게 되었다. 매입가가 평당 1만 원 정도라 자기가 가진 자금으로 큰 무리가 없다고 판단한 김 사장은 2,000평 정도의 도로변 농지를 샀다. 별 생각 없이 그저 10년은 묵혀 둘 생각으로 투자한 이 땅은 훗날 김 사장에게

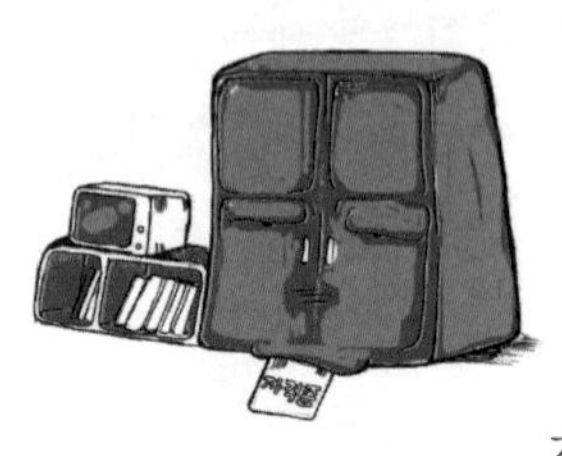

큰 결실이 되어 돌아오리란 것을 전혀 예상치 못했다.

위기가 곧 기회다

21세기를 앞두고 우리나라에 큰 한파가 몰아닥쳤다. IMF 사태로 온 국민이 큰 타격을 받았을 때, 김 사장이 다니던 회사도 이 위기를 피해 갈 수는 없었다. 국내에서 열 손가락 안에 드는 탄탄한 대기업이었지만, 외국에 진출한 사업체가 연일 유동성 위기를 겪으면서 어려움을 겪었다. 그룹의 대표마저 부실과 부정에 대한 책임을 지고 물러난 데다 부도의 위기 속에서 회사의 앞날을 내다보기가 어려웠다.

이러한 회사의 상황은 곧 김 사장에게도 영향을 미쳤다. 회사가 살아남기 위해 계열 분리를 단행하고 뼈를 깎는 구조 조정을 실시하면서 당시 40대 초반으로 차장이었던 김 사장도 명예퇴직을 할 수밖에 없었다. 1998년 여름, 김 사장은 13년간 다녔던 직장을 떠나야만 했다. 젊음을 헌신했던 회사에서 받은 퇴직금과 위로금은 고작 1억 원이 전부였다.

하루아침에 실업자가 된 그는 6개월 동안 실업 급여와 실업 교육을 받으며 막막한 하루하루를 보냈다. 먹고살 길이 막막했던 김 사장은 이대로 가다가는 더 이상 내몰릴 데가 없는 궁지에 빠질 것이라고 생각했다. 그는 자신이 가진 유일한 자격증인 공인중개사 자격증을 이용하여 부동산 중개업을 하기로 마음먹었다. 자기가 의도해서 시작하게 된 일은 아니었지만, 그래도 회사에서 부동산 관련 업무를 했던 터라 다른 일보다 더 나을 것이란 생각이 들었다.

부동산은 강남이 최고야

창업한 지 1년이 되었지만 1999년의 우리나라 부동산 시장은 차갑게 얼어붙어 있었다. IMF 이후 시장은 회복세가 더뎌서 거래가 활발하지 않았다. 겨우 수익과 비용을 맞추며 꾸려 나갔지만 여전히 앞날은 불투명하기만 했다.

그런 가운데 어렵사리 자리를 잡아 가던 김 사장은 거래 건수가 있더라도 값이 잘 오르지 않는 강북보다는 부동산 시장의 움직임이 있는 강남으로 자리를 옮겨야겠다고 판단했다. 지금은 어렵더라도 장기적으로는 전망이 좋을 것이라는 판단에서였다.

1999년 말 강남구 대치동에 중개업소를 재개업한 김 사장은 생각보다 빨리 자리를 잡게 되었다. 상대적으로 다른 중개업소보다는 때가(?) 덜 묻고 특유의 친절함과 친화력으로 고객을 끌어들이기 시작한 것이다. 또한 강북에 있을 때와 달리 사고파는 부동산의 규모가 크다 보니 그에 따라 중개 수수료도 많아서 월 수익이 1,000만 원을 넘게 되었다.

당시 부동산 시장에는 찬바람이 불고 있었다. 그러나 김 사장은 정부가 경제 부흥을 위해 건설 경기를 부추길 것이고, 그렇게 되면 부동산 값이 반드시 올라갈 것이라고 생각했다. 그리고 그때를 대비하여 사전 작업을 준비하고 있었다. 그는 만나는 고객마다 지금은 부동산 시장이 맥을 못 추지만 곧 정부가 부양책을 발표할 것이므로 지금 부동산을 사야 된다고 권유했다.

김 사장의 판단이 들어맞는지를 확인하는 데는 그리 오랜 시간이 걸리지 않았다. 2001년 7월 정부가 5 · 23 조치를 발표하면서 부동산 시장은 서서히, 그러나 눈에 띄게 움직이기 시작했다. 신규 아파트 시장을 중심으로 부동산 경기가 크게 일어나면서 거래 건수가 늘고 매물 규모도 커졌다. 일단 불이 붙기 시작하자 거래가 크게 늘면서 2001년 7월 이후에는 월 순이익이 5,000만 원을 넘었다. 김 사장의 시장을 읽는 눈을 알아본 고객들이 다시 김 사장을 찾아왔고, 친절한 설명과 계약이 끝날 때까지 책임지는 성실한 자세에 감명을 받았기 때문이다.

점차 직원을 늘려 규모를 키운 김 사장은 몰려드는 단골손님으로 인해 중개 영역까지 넓혀 수도권과 충청권의 부동산 거래에도 손을 대기 시작했다. 내친김에 김 사장은 영역에 국한하지 않고 사업을 더욱 확대했다. 현실적으로 성공의 가능성보다 리스크가 훨씬 더 컸지만, 시장의 분위기로 보았을 때 당시 부동산 가격이 너무 낮아 향후에 반드시 오를 것이라는 확신이 섰던 것이다.

중개업은 자본 없이 빨리 성공할 수 지름길

김 사장의 예상은 보기 좋게 적중했다. 강남이라는 좋은 입지적 여건에 친절하고 성실한 부동산이라는 입소문까지 나서 손님들이 몰려들어 2002년에는 한 달 순이익이 1억 원, 연 수익은 무려 14억 원에 달했다. 1999년 말부터 2년여 동안 김 사장이 벌어들인 돈은 거의 21억 원에 이르렀다. 말 그대로 대박이 난 것이다.

그러나 여기에서 그친 것이 아니었다. 2002년 말에는 시가 300억 원이 넘는 오피스 빌딩의 거래를 세 건이나 성사시켜 무려 15억 원을 벌어들였다.

하지만 김 사장의 성공은 그냥 얻어진 것이 아니었다. 법인

간의 대규모 부동산 거래는 성사되기가 무척 어렵다. 거래 기간이 길뿐더러 거래가 깨지기 일쑤다. 또한 규모가 큰 법인 간의 거래인 만큼 완벽한 자료와 물권 분석력, 설득력 있는 프레젠테이션 능력, 거래 시 생길 수 있는 각종 세금 관련 전문 지식이 필요하다.

여기에 대처하기 위해 김 사장은 전문 교육을 실시하는 곳에서 야간 강의를 듣고 다방면으로 노력을 기울였다. 게다가 김 사장 특유의 친절함과 친화력, 그리고 대기업 총무부에서 근무하며 얻은 법인 부동산 관련 지식과 자료 정리 및 문서 작성 능력이 잘 발휘되었다. 김 사장은 불도그' 라는 별명에 걸맞게 반드시 거래를 성사시키겠다는 일념으로 열심히 일했다. 그가 거래 과정에서 겪었던 숱한 설움과 쏟아부은 노력은 감히 말로 표현하기 어려울 정도였다.

그 후로도 그의 성공은 계속 이어졌다. 2003년에도 500억 원 규모의 오피스 빌딩과 토지 거래를 포함해 여섯 명이 넘는 직원들이 발로 뛰며 얻은 수익이 10억 원이 넘었다.

준비된 모험만이 살길이다

김 사장은 자산을 현금으로 묻어

두지 않았다. 부동산 전문가인 만큼 부동산이 자산을 늘리는 데 가장 효과적이라는 것을 알고 있었으므로 돈을 버는 대로 강남 주요 지역의 소형 빌딩과 아파트에 투자했다. 그의 판단은 예외 없이 적중하여 자산 규모가 날이 갈수록 커졌다.

이런 와중에 김 사장의 성공 가도에 박차를 가하는 일이 생겼는데, 바로 13년 전에 샀던 화성의 땅값이 평당 1만 원에서 100만 원으로 100배가 뛴 것이다. 그는 말 그대로 돈벼락을 맞아 20억 원을 손에 쥐게 되었다. 1999년 이래 단 5년 만에 김 사장의 자산은 4억 원에서 60억 원으로 엄청나게 불어났다.

김 사장이 이렇게 성공할 수 있었던 요인은 여러 가지다. 우선 젊은 시절에 고생하면서 성실하게 일했던 직장에서 얻은 경험과, 회사에 다니느라 바쁜 와중에도 열심히 공부하여 취득한 공인중개사 자격증이 큰 역할을 했다.

그러나 주변 사람들은 김 사장 특유의 친절함과 설득력, 끊임없는 노력, 그리고 정확히 판단하기 위해 항상 준비하는 자세가 고객의 투자를 성공으로 이끌고 그 자신의 재산을 불리는 데도 크게 기여했다고 말한다. 또한 어려운 시기에도 도전해 보겠다는 의지와 차근차근 준비하는 치밀함은 지금의 그를 만든 또 다른 요인이다.

때론 행운을 믿지 마라

김 사장은 과거에 직장 생활을 하면서 미래에 대한 준비도 없이 매달 월급날만을 기다리던 그 시절에는 자신이 지금과 같은 부자가 되리라고는 꿈에도 생각하지 못했다. 또 명예퇴직으로 회사를 그만둘 땐 어디라도 월급 주는 자리라면 들어가겠다는 마음이었다. 그러나 지금 그는 모두들 부러워할 만큼 돈을 벌어 부자가 되었다.

그런 김 사장이지만 인생에서 성공했다고 자부하지는 않는다. 왜냐하면 재산을 언젠가 혹은 후대에라도 잃을 수 있기 때문이다. 그러면 가난했을 때보다 더 힘들어지기 때문에 일단 내 수중으로 들어온 돈은 잘 지켜야 된다고 그는 말한다.

돈을 지키려면 자신의 능력을 키워야 하는데, 특히 귀가 얇은 사람이라면 더더욱 자기 자신을 지킬 수 있는 방어력을 갖추어야 한다. 운이 좋아 돈을 벌었으니 또 계속 돈을 벌 수 있을 것이라고 생각한다면 오산이다. 행운은 인생에서 단 한 번뿐이라고 생각해야 한다. 또다시 행운이 찾아올 것이란 기대는 절대 금물이다.

그러나 더 깊이 들여다보면, 자신이 돈을 벌었다면 그것은 행운 탓이 아니라 그럴 만한 능력을 갖추었거나 시대의 흐름

평당 만 원
10년 후가
보인다
보인다~
평당 천 원

을 탔기 때문일 것이다. 돈을 버는 데 있어 행운은 없다. 다만 판단을 잘하거나, 사람을 잘 만나거나, 전문적인 지식이 있어서 행운이 찾아오는 길로 접어들었기 때문에 행운을 만날 수 있었던 것이다. 이런 행운을 잡으려면 기회가 왔을 때 언제든지 낚아챌 수 있도록 준비가 되어 있어야 한다.

영업은 나를 성장시킨 원동력

보통 사람들은 무슨 사업을 시작하든 돈이 있어야 가능하다고 생각한다. 그러나 자기 자본의 한도에 부딪히면 더 이상 앞으로 나아갈 수 없다. 그러나 영업을 해 보면 이런 한계를 극복할 수 있다.

영업을 하면 자기가 일한 만큼 수당이 돌아오고, 덤으로 훗날 자기 사업을 할 때의 거래처를 미리 확보하게 된다. 따라서 영업은 남의 물건을 팔아 주는 것이 아니라, 남의 물건을 자본으로 삼아 나의 미래를 개척하는 일인 셈이다.

김 사장은 과거에 직장 생활을 했을 때 총무부에서 일했었는데, 지금도 후회되는 것이라면 자진해서 영업부로 가지 않았다는 것이다. 만약 영업부에서 일했다면 명예퇴직을 당하지도 않았겠지만, 그 전에 먼저 자진해서 회사를 그만두고 자기 사업을 했을지도 모른다고 생각한다. 지금은 편안히 과거를 돌이켜볼 수 있지만, 명예퇴직의 칼바람을 맞아 오갈 데 없이 집에서 쉬던 시절을 생각하면 아찔하다고 한다.

김 사장은 직장 생활을 하는 사람들에게 다른 부서보다도 영업부에서 일하며 거래처 사람들과 좋은 인간관계를 맺어 두라고 조언해 주고 싶다고 한다. 그리고 타의에 의하여 회사를 그만두게 되는 상황이 되기 전에 스스로 물러날 수 있는 여건을 만들라고 덧붙인다.

최선이 아니면 차선이라도 찾아라

지금 우리나라의 신용 불량자 수는 엄청나다. 여기에 노숙자와 근근이 살아가는 사람들까지 합치면 자신의 의지대로 삶을 살지 못하는 사람이 아주 많다고 볼 수 있다. 그러나 아무리 어렵고 힘든 때라도 자신의 특기를 살려 할 일을 찾아본다면 세상은 한번 도전해 볼 만한 곳이다.

자본주의 사회는 돈을 벌 수 있는 경쟁의 장이 언제나 열려 있다고 볼 수 있다. 현재 자신의 처지가 월급쟁이네, 영세상인이네 라며 한탄만 하고 있다면 더더욱 현실에서 벗어날 수 있도록 새로운 길을 찾아야 한다.

새로운 길을 찾기 위해서는 우선 자신이 살아왔던 시간을 되짚어 보고, 자신이 잘할 수 있는 일이 무엇일지 생각한 다음, 지금까지 해 왔던 업무와 관련된 분야에서 어느 정도 인간관계가 형성된 방향으로 결정하는 것이 성공 확률이 높다.

실업자가 되어 장사를 해 보려고 할 때 대부분의 사람들은 일단 치킨집을 고려하는데, 이는 현실 안주형 창업으로 생계 유지를 위한 가게 정도밖에 될 수 없다. 크게 성공해 보겠다는 야심이 있다면 자신의 특기에서 벗어난 업종을 택해서는 안 된다. 자신이 관여했던 분야 혹은 직접 겪어 보지 않았더라도 간접적으로나마 경험하거나 공부했던 분야, 아니면 적어도 믿을 수 있는 가까운 사람이 아주 잘 아는 분야의 사업을 해야 성공할 가능성이 높아진다.

이 책을 읽고 있는 독자들도 아름다운 도전의 기회를 잡아 보기 바란다.

행운을 믿지 말고 기회가 오면 잡을 수 있도록 준비를 하라!

성공하려면 마음부터 다스려라

아무리 돈이 많아도 사람이
없으면 외로워지고, 반대로
사람은 있는데 돈이 없으면
마음이 상하는 일이 생길 수 있다.

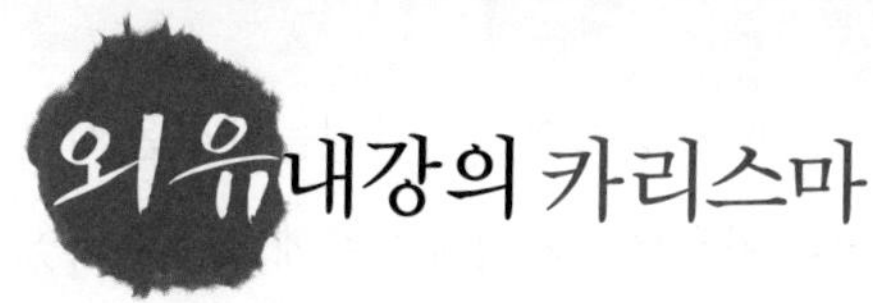

외유내강의 카리스마

가난은 어디에나 존재한다

그를 만나기 전에는 니카라과라는 나라가 있는지도 몰랐다. 니카라과는 중앙아메리카에서는 가장 큰 나라지만, 총인구가 500만 명 정도로 세계적으로는 아주 작은 나라다.

그의 출생부터 성장 과정까지 이야기를 듣게 된 계기가 있다. 하루는 그와 단둘이서 점심을 먹는데, 그는 다른 외국인들과는 달리 약속 시간에 쫓기듯 정말 빨리 먹는 것이었다. 외국인들은 식사를 천천히 즐기면서 먹는다는 얘기를 많이 들어왔고, 실제로 주변의 외국인 친구들도 대부분 그랬다. 하지만 그는 마치 한국의 고등학생들이 쉬는 시간 재빠르게 도시락을 먹어 치우는 것처럼 순식간에 식사를 마쳤다.

그래서 나는 그에게 급한 일이 있냐고 물어보았다. 그런데 그는 뜻밖의 얘기를 해 주었다. 그는 보이는 이미지와 달리 어렵게 자라온 자신의 성장 과정을 들려주었다.

그는 1971년 니카라과에서 가난한 집의 9남매 중 막내로 태어났다. 그는 가족들이 함께 식사를 할 때 오순도순 얘기를 나누며 여유롭게 식사하는 모습은 생각할 수도 없었다고 한다. 먹을 것이 부족하여 서로 더 많이 먹으려 애를 썼기 때문에 식사 시간이 전쟁과 같았다는 것이다. 그래서 그는 어린 나이에도 식사 시간이 가장 싫었다.

가족이 미국으로 이민을 가기로 결정한 것은 그가 여섯 살

때의 일이었다. 그는 미국이 마음에 꼭 들었다. 나라가 크고 부자인데다 다양한 인종의 사람들이 자유롭게 활동하며 좋은 기회를 잡을 수 있는 환경이었기 때문이다. 그는 반드시 성공해서 부자가 되리라 굳게 마음먹고, 그때부터 뭐든지 배우겠다는 열정을 가지고 적극적으로 행동하기 시작했다. 그는 미국에서 초등학교, 중학교, 고등학교를 마친 뒤 대학교에 입학하여 학비를 벌기 위해 캘리포니아 연방은행에서 파트타임 은행원으로 일하게 되었다.

인내력과 끈기는 성공의 필수요건

그는 파트타임 은행원으로 일하면서 꼭 대학교를 졸업하지 않더라도 이곳에서 성공할 수 있다는 확신을 얻었다. 회사에서는 학력을 보는 것이 아니라 자신의 능력을 평가하여 거기에 맞는 대우를 해 주고 승진을 시켜주고 있다는 것을 알았기 때문이다. 더군다나 자산 운용에 관한 노하우를 배우고 자산가를 직접 만날 수 있는 기회가 많은 업무라 자신이 꿈꾸던 일을 할 수 있을 것이라고 생각했다. 결국 그는 대학교를 그만두기로 결심했다.

그는 곧바로 학교를 그만두고 은행 일에만 집중했다. 결국 그는 캘리포니아 연방은행에서 9년 동안 창구 담당자로 일했다. 그동안 다양한 사람들의 불만과 고충을 처리하고 다양한 금융 관련 업무를 다루면서, 고객에게 정말로 필요한 서비스를 제공하는 방법과 업무 해결 능력을 키워 금융인으로서의 밑바탕을 탄탄하게 다질 수 있었다.

그는 어쩔 수 없어서 일을 한 것이 아니라, 자신의 능력을 키우기 위해 힘들고 어려운 일일수록 자청하고 나서서 해결하였다. 이렇게 몸으로 체득하며 경험을 쌓다 보니 업무에 대한 자신감이 생겨서 어떠한 업무나 고객의 불평도 두려울 게 없었다. 업무 처리 능력은 나날이 향상되었고, 처리하기 힘들거나 업무 프로세스를 잘 몰라 해결하기 어려운 일들이 생기면 그에게 물어보는 것이 당연한 일처럼 되었고, 그 또한 그것을 즐기며 불평 한 마디 없이 처리해 주었다.

그는 얼마 지나지 않아 창구 담당자들을 관리하는 권한을 가진 관리자로 승진하게 되었다. 그리고 다시 1년 만에 개인 자산관리사가 되었고, 2년 만에 부지점장을 넘어 지점장이 되었다.

그가 지점장이 되면서 그 지점의 실적은 점점 더 좋아졌다. 그 이유는 직원들에 대한 배려와 고객에 대한 서비스로 똘똘 뭉친 그의 사고방식이 직원과 고객의 신뢰와 호평을 얻어 모두들 그를 따르게 되었기 때문이다. 지점의 실적이 좋아지자 캘리포니아 연방은행의 은행장과 자주 접촉하게 되었고, 그는 은행장과 좋은 친분 관계를 맺으면서 자신의 입지를 점점 더 넓혀 갈 수 있었다.

은행장으로부터 능력을 인정받게 되자, 마침내 그는 400여 개의 지점 중에서 본점 다음으로 자산 규모가 크고 가장 바쁜 지점의 지점장 자리에 앉게 되었다. 그곳은 샌프란시스코의 유명한 관광지 중 한 곳인 캐스트로 지점으로 레스토랑과 바, 그리고 유동 인구도 많은 지역이었다.

유동 인구가 많다는 것은 그만큼 현금 거래도 많다는 것을 의미한다. 이는 곧 그만큼 불평하는 고객들과 복잡하고 까다로운 일들이 많다는 뜻이기도 하다. 은행장이 그런 지점에 그를 보낸 것은 대단한 뉴스 거리였다. 학벌을 중시하는 우리나라에서는 상상할 수도 없는 일일 것이다. 그가 고졸이라는 학력으로 이만큼 성공할 수 있었던 것은 남들에게는 없는 것을 지니고 있었기 때문이다.

온화하지만 카리스마가 있다

그를 처음 봤을 때, 개인주의적이

고 차가우며 냉정하다는 느낌을 받았다. 그러나 그것은 선입견일 뿐이었다. 그와 10분 정도 대화를 하고 나면 그가 부드럽고 자상하면서도 강한 카리스마를 가진 사람이라는 것을 느낄 수 있다. 냉정하고 차갑게 느껴지던 첫인상은 그의 말과 행동으로 차츰 따뜻하고 온화한 느낌으로 바뀐다. 처음 만난 사람에게도 편안하고 다정다감하게 대하고 하나하나 꼼꼼하게 설명해 주는 그의 성격이 그를 지금의 자리로 이끈 성공 요인 중의 하나라는 것을 알 수 있었다.

그에게는 사람의 마음을 끌어당기는 뭔가가 있다. 그는 누군가의 도움이 필요할 때면 예의를 갖추고 정중하게 도움을 청하여 상대방이 기꺼이 도와주도록 만든다. 또 화를 내면서 은행에 들어섰던 고객들도 논리정연하고 부드럽게 말하는 그와 조금만 이야기를 나누면 어느새 같이 웃고 농담을 하며 화기애애한 분위기가 된다.

그에게 질문 하나를 던지면 그는 그 질문에 대해서만 대답해 주는 것이 아니라 그 외에도 발생할 수 있는 상황들에 대해서도 알려 준다. 한 가지 질문을 하면 열 가지 대답이 돌아

와 질문한 사람에게 만족을 주는 것이다. 또한 그는 최소한 공식적인 자리에서는 직원에게 화를 내는 일이 한 번도 없었다. 항상 웃으며 자신의 말 한 마디로 상처를 받지는 않을지 항상 상대방의 입장에서 생각하면서 말조심을 한다.

그리고 그는 사람들을 좋아하고 존중했다. 그렇다 보니 다른 사람들 또한 그를 좋아하고 존중한다. 그는 자신이 맡은 지점을 가족적인 분위기로 이끌어 가 직원들 간에 문제가 발생할 일이 없었다. 어떠한 부분에서 수정할 사항이 생기면 그때그때 고쳐 나갔고, 지점장과 아랫사람들 간에 벽이 없어서 고충과 불만을 편안하게 털어놓고 대화로 해결해 나갈 수 있었다. 직원들 모두 즐겁게 직장 생활을 하게 되니 당연히 다른 지점보다 앞서 나가게 되었다.

고민을 들어주는 친한 친구처럼, 어려움에 처하면 그때마다 상황에 맞게 대처하는 지혜를 알려 주는 선배나 선생님처럼, 그는 직원과 고객에게 늘 가까운 존재였다.

좋은 협력자가 있으면 힘이 배가 된다

캘리포니아 연방은행에서 일한 지 13년이 되던 2002년, 그는 액시엄 파이낸셜 서비스로부터 더 좋은 조건과 연봉을 제의받았다. 액시엄 파이낸셜 서비스는 같은 금융계지만, 신용이 좋지 않아 은행에서 직접 대출을 받지 못하는 고객들에게 대출을 해 주는 대출 전문 회사였다. 그는 캘리포니아 연방은행의 카스트로 지점에서 같이 일하던 부지점장과 개인 자산 관리사 한 명을 데리고 회사를 옮겼다.

그가 데리고 간 부지점장은 1974년생으로 젊은 나이에 성공한 사람이었다. 그는 매우 까다롭고 정확하며 빈틈없는 사람이었다. 그리고 개인 자산 관리사는 어린 시절 니카라과에서부터 친했던 고향 친구였다.

세 사람이 올린 매출 실적은 대단했다. 이들이 뭉치면 못 해낼 일이 없었다. 1년 뒤에는 더 높은 연봉으로 다시 프리몬트 인베스트먼트로 자리를 옮겼다. 물론 셋이 함께였다.

이렇듯 그의 곁에는 가족 같은 든든한 동료들이 있었다. 지점장을 보면서 "돈보다도 인생을 함께 걸어갈 수 있는 믿을 만한 사람이야말로 가장 큰 자산이다."라는 말이 피부로 느끼게 된다.

2004년에는 지점장을 따라 두 사람이 프리몬트 인베스트먼트로 옮겨 왔다. 둘 다 예전에 캘리포니아 연방은행 캐스트로 지점에서 함께 일했던 사람들이었다. 가족 같은 동료가 더 늘어나 더욱 힘을 얻게 되었다.

다른 직원들도 그들과 금세 친해져서 함께 골프를 치거나 여행을 다닐 정도가 되었다. 또 기념일이나 크리스마스 같은 날에는 서로의 집을 다니며 즐겁게 보낸다. 나는 이렇게 직장 동료들 간의 가족적인 분위기를 보면서 그들이 모두 부자라는 생각이 들었고, 한편으로는 부럽기도 했다. 마음이 맞는 사람들과 같이 일할 수 있다는 것은 크나큰 행복이 아니겠는가.

강한 책임감은 사업의 충분조건

그는 항상 회사로부터 큰 목표를 부여받는다. 좋은 동료 관계와 성실성 등도 중요하지만, 우선 회사가 바라는 것은 숫자로 나타난 실적이다. 그러나 그는 그런 목표에 대해서 스트레스를 받지 않고, 오히려 목표가 없다면 나태해지기 때문에 목표를 기쁘게 받아들이고 그것을 성취하기 위해 열심히 일하게 된다고 한다. 그리고 그는 회사의 목표를 성취하기 위해 그보다 더 높은 목표를 세운다.

그는 남들보다 한 발 빠르고 계획적인 사람이다. 또 고객이나 직장 동료의 부탁을 받으면 책임감을 갖고 반드시 들어주기 위해 노력함으로써 자신에 대한 신뢰를 더욱 굳건히 했다.

그는 일이 많고 바빠도 그런 상황에 감사해한다. 그리고 목표를 성취할 수 있다는 자신감과 긍정적인 마인드, 그리고 일에 대한 열정을 잃지 않는다.

이러한 열정과 자신감은 그만 가지고 있는 것이 아니라 그와 일하는 동료들도 마찬가지다. 그렇기 때문에 그를 비롯하여 동료들은 즐겁게 일하게 되는 것이다. 그는 항상 긍정적으로 생각하여 동료들에게도 칭찬과 함께 좋은 말, 좋은 충고를 아끼지 않는다. 그럼으로써 팀의 성적은 더욱 좋아지고 일은 술술 풀린다.

이러한 모든 것들이 그에게 성공을 가져다주었을 것이다. 그는 "큰 꿈을 가져라. 그러면 작은 꿈은 자연히 이루어진다.", "항상 밝고 긍정적인 사람이 돼라.", "즐겁게 일하고 인생을 즐겨라.", "사람들과의 관계를 소중히 여기고 좋은 관계를 유지하기 위해 최선의 노력을 다하라.", "어떤 일이든 쉽게 포기하지 말고 끝까지 해 봐라. 후회는 없을 것이다.", "남들보다 부지런하고, 빠르고 정확하게 일을 해결하라.", "열정과 책임감 그리고 자신감을 가져라." 등의 많은 교훈을 몸소 보여줌으로서 다른 사람들이 저절로 자신을 보고 배우며 따르게 한다.

목표는 되도록 크게 잡아라

지점장으로서 그가 성공할 수 있었던 가장 큰 요인은 바로 어려운 일을 두려워하거나 피하지 않았다는 것이다. 어떤 일이 주어졌을 때, 그는 이루기 어렵겠다는 생각보다는 한번 해 보겠다고 생각을 가지고 있었다. 그러므로 어떤 어려운 상황이 닥치더라도 해내겠다는 굳은 의지로 부딪쳐 보았다.

그의 또 다른 성공 요인은 사람을 다룰 줄 안다는 것이다. 그에게는 누군가를 한 번 자기 사람으로 만들면 자신을 배신하거나 떠나가지 않도록 그 사람을 묶어 두는 기술이 있다. 이는 날카롭고 냉정하게 보이는 외모를 극복하기 위해 말과 행동에 특별한 노력을 기울인 탓이다.

그는 항상 '다른 사람이 나에게 이런 말을 하면 나는 기분이 어떨까?' 하고 생각해 본 다음 말을 꺼낸다. 자신이 들어도 기분이 좋을 것 같은 말을 상대방에게 한다. 그러면 자신을 싫어하거나 견제하는 사람이 생기지 않고, 그로 인해 보이지 않는 불이익을 당하지 않을 것이라고 생각했다. "말 한 마디로 천 냥 빚을 갚는다."라는 우리 속담을 행동으로 실천하고 있는 것이다.

자신을 준비시키고 어떤 일이든 할 수 있다는 자신감을 가지고 있으면 바로 눈앞에 놓인 목표는 더 원대한 목표를 향해 나아갈 때 거쳐야 할 정류장에 불과한 것이 된다. 작은 목표들을 이루는 과정을 거치다 보면 어느새 큰 목표에 가까이 다가가 있을 것이다.

금융 관련 직종이 성공하기 쉽다

거대한 자본 조직이 살아 숨 쉬며 생존을 위한 전쟁을 치르는 곳, 미국에서 가장 중요한 것은 자본이다. 미국 사람들은 누구나 자본의 위대한 힘을 알고 있다. 미국에서는 국민들이 자본에 대해 올바른 인식을 가질 수 있도록 어려서부터 조기 교육을 시키고 있다.

자본의 주인이 누구인가에 따라 지배 구조가 달라지게 된다. 만약 자녀가 성공하여 좀 더 나은 생활을 하도록 만들고 싶다면 지금부터라도 금융 교육을 시켜라. 자녀

가 금융 분야에 재능이 있을 것 같으면 직업의 방향을 그쪽으로 잡아 주는 것도 좋다.

앞에서 언급한 지점장이 못사는 나라에서 태어나 경쟁이 심한 미국에서 고액 연봉자로 성공할 수 있었던 것은 자본주의의 꽃인 금융 시장에 뛰어들어 자신의 역량을 잘 발휘했기 때문이다. 그의 일하는 자세로 보건대, 제조업이나 다른 분야에 발을 들여놓았더라도 그는 분명 성공했을 테지만 지금과 같은 성공을 이루지는 못했을 것이다.

금융 관련 직종은 신뢰를 쌓아 자산을 맡겨 주는 고객을 많이 확보한다면 다른 일에 비해 많은 돈을 벌 수 있다. 물론 고객들의 신뢰를 얻기 위해서는 그만큼 노력해야 할 테지만, 그만한 노력으로 다른 분야에서 얻는 것보다 더 많은 돈을 벌 수 있다는 말이다. 또한 부자들을 만나면서 삶의 영역을 넓히고 자신을 업그레이드하여 인생의 질을 높일 수 있을 것이다.

Tip

어떤 상황에서도 두려워하지 말고 굳은 의지로 정면으로 맞서라.

될 놈은 떡잎부터 모른다(?)

놀아도 돈 벌 궁리를 해야 한다

"하는 짓을 보니 싹수가 노랗군. 너 커서 뭐가 되려고 그러니?"

"넌 이제 내 자식이 아니다. 나가서 도둑질을 하든지 구걸을 하든지 네 마음대로 해라."

김영일 씨는 어렸을 적 부모님과 주의 사람들로부터 이런 말을 듣고 자랐다. 그는 지금 동대문 상가에서 숙녀복을 전문으로 생산하여 전국적으로 판매하는 대상(大商)이다.

김 사장은 어릴 적부터 공부는 뒷전이어서 중학교 때에는 친구들과 어울려 다니며 보컬 그룹을 결성하고, 가끔 옷이나 갈아입으러 집에 드나들었다. 그러니 부모님이 김 사장에게 용돈을 제대로 줄 리가 없었다.

그래서 김 사장은 겨울에는 군고구마, 여름에는 아이스크림을 팔고, 낮에는 물건을 날라 주고 밤에는 술집 종업원으로 일하며 용돈을 마련해야 했다. 그는 별의별 일을 다 해 보았지만 생활은 항상 쪼들렸다.

당시 보컬 그룹의 연습 장소가 평화시장 근처라 김 사장은 하루에도 몇 번씩 시장 앞을 지나다녔다. 김 사장은 상인들을 보면서 속으로 '저 사람들은 하루에 돈을 얼마나 벌까?' 하고 궁금해졌고, 그런 생각이 곧 관심으로 바뀌어 노점상을 하는 사람들에게 의도적으로 접근하게 되었다. 그렇게 해서 노점상의 실태를 파악한 김 사장은 깜짝 놀랐다. 당시 노점상의 하루 수입이 10만 원을 넘었기 때문이다. 그때부터 김 사장은 돈을 벌어야겠다고 마음먹게 되었고, 음악을 하면서도 노점상들과 어울리며 그 세계의 생리를 익혀 나갔다.

호랑이를 잡으려면 호랑이 굴로 들어가라

고등학교를 졸업할 무렵 김 사장은 고민에 빠졌다. 대학에 진학할 것인가, 아니면 돈을 벌 것인가! 그러나 자신의 처지를 너무나 잘 알고 있었던 김 사장은 주저 없이 돈을 버는 길을 택하고 평소에 눈여겨보았던 노점상을 알아보았다.

그러나 막상 노점상을 하려고 하니 이미 좋은 자리는 다른 사람들이 모두 차지하고 있어 자리를 확보하기가 여간 어렵지 않았다. 그래서 일단 뒤로 물러나 상가 근처 다방에서 DJ로 일했다. 그곳을 택한 이유는 노점상을 관리하는 소위 깍두기 형님들이 자주 드나드는 다방이었기 때문이다. DJ는 그들에게 접근하기에 좋은 자리였다.

자신의 생각대로 노점상을 관리하는 형님들과 자연스레 친해지게 된 김 사장은 이들이 떠벌리는 얘기들을 통해 어디 물건이 잘 팔리는지, 어떻게 하면 장사를 잘할 수 있는지, 노점상에 물건을 공급하는 곳은 어딘지, 어떤 품목이 좋은지 등을 알게 되었다. 노점상을 관리하는 호랑이들로부터 정보를 얻고 호랑이들을 비호 세력으로 삼으니 천군만마를 얻은 셈이었다.

마침내 김 사장은 이들로부터 자리 하나를 얻어 장사를 시작했다. 적은 자본으로 처음 시작한 사업이었지만 생각보다 장사가 잘되어 꽤 많은 돈을 벌게 되었다.

남은 이익금은 사업을 위해 재투자 한다

하루에 20만~30만 원을 투자해서 100여 만 원을 벌며 돈 버는 재미에 푹 빠져 있던 어느 날, 김 사장은 귀가 번쩍 뜨이는 정보를 입수했다. 한곳에 머물면서 노점상을 하는 것도 좋지만, 전국의 장터를 돌아다니며 장사를 하면 재미도 있고 돈도 더 많이 번다는 것이었다.

역마살을 타고난 김 사장은 곧바로 봉고차를 구입하여 물건을 싣고 전국을 유랑하기 시작했다. 그런데 노점상 시절에는 하루에 20만~30만 원의 물건을 준비해 두면 되었지만, 지방을 돌아다니려면 300만 원 정도의 물건을 미리 준비해야 겨우 일주일 버틸 수 있었다. 그는 누가 더 좋은 물건을 많이 가지고 있느냐가 장사의 성패를 가늠하는 기준이 된다는 것을 알게 되었다.

김 사장은 그동안 붓던 적금을 해약하여 찾은 돈과 벌어들이는 돈으로 좋은 물건을 사 차에 채워 넣었다. 좋은 물건을 많이 확보하고 있으니 자연히 장사가 잘되었다. 그는 이제 다른 곳으로 눈을 돌릴 때가 된 것 같다고 생각했다.

더 큰 꿈을 향한 도전은 지금 준비해야 한다

이미 준비가 되어 있던 김 사장의

눈에 일주일에 한 번 정도 물건을 사러 가는 옷 도매상이 들어왔다. 자신은 고작 팔아야 몇 십만 원이지만, 도매상의 경우 자기와 같은 거래처가 수백 군데였다. 도매상의 매출액을 계산해 보려니 자기 머리로는 도저히 추정하기가 어려울 정도였다.

의류 도매업 쪽에 눈을 돌린 뒤로 김 사장은 자신이 하고 있는 장사가 너무 초라해 보였다. 결국 김 사장은 동대문 상가에 도매상을 차리기로 결심하게 되었다. 그동안 거래했던 도매상을 통해 어느 정도 필요한 정보를 입수하고 동대문 상가에서 본격적으로 숙녀복 도매상을 시작했다. 노점상을 시작한 지 6년 만에 드디어 자기 가게를 갖게 된 것이다.

전국을 떠돌면서 장사를 하던 시절에 비하면 크게 성공했다고 자만하게 된 김 사장은 그동안 가지고 싶었던 중형차도 한 대 뽑았다. 그러나 그의 예상과 달리 장사가 신통치 않았다. 결국 김 사장은 6개월 만에 가진 돈의 절반을 날리고 가게를 정리해야만 했다.

천리길도 한 걸음부터

'왜 사업이 망했을까?' 하고 거듭 생각한 끝에 김 사장은 마침내 답을 얻었다. 의류 도매업을 한다면서 정작 소비자인 전국 소매상을 잘 몰라 판로가 없었기 때문이었다. 실패의 원인을 알아낸 김 사장은 곧바로 대형 도매상의 판매 직원으로 취직을 했다. 사장의 자리에서 말단 직원으로 내려간 것이다.

보통 사람들은 사장을 하던 사람이 왜 쥐꼬리만 한 월급을 받는 판매 직원을 자청했는지 이해가 안 될 수도 있을 것이다. 그러나 어떤 분야의 업무나 흐름을 밑바닥부터 잘 알지 못하는 상태에서 사장이 된다면 아랫사람들에게는 휘둘리게 된다. 김 사장은 그러한 사정을 알았기 때문에 말단 자리도 마다하지 않고 들어간 것이다.

김 사장은 그곳에서 6개월 동안 일하면서 전국의 소매상들과 가까이 지내며 나름대로 인맥을 넓히는 데 주력했다. 그렇게 해서 준비가 되었다 싶을 때, 그는 다시 가게를 차렸다. 처음 얼마 동안은 아는 사람들이 찾아 주어 가게를 운영하는 데 별 어려움이 없었다.

김 사장은 고정 고객이 확보되었다 싶어 나름대로 좀 더 큰 사업을 구상해 보려고 했다. 그런데 3개월쯤 지나자 고객들이 하나 둘 발걸음을 끊기 시작했다. 김 사장은 아차 싶어 거래했던 고객들을 찾아다니며 거래를 끊게 된 이유를 물어보았다.

고객들은 "제품이 마음에 안 든다.", "너무 비싸다.", "재단이나 박음질이 시원찮다." 등 거의 비슷한 대답을 했다. 그리고 사장이라는 사람이 옷 공장 한 번 들여다보지 않고 공장이 어떻게 돌아가는지, 주문과 클레임 처리는 어떻게 해야 되는지, 사람은 어떻게 부리고 하청은 어떻게 주는지 어찌 알 수 있을 것이며, 제대로 된 상품을 어떻게 만들 수 있겠냐고 지적했다.

그들의 말에 깊이 반성한 김 사장은 이번에는 옷을 만드는 공장에 취직했다. 그때까지 김 사장은 바느질을 한 번도 해 본 적이 없었다. 그는 단추를 다는 것부터 시작해서 재봉틀질, 재단, 원단 구매 등을 비롯하여 제품이 완성되기까지의 과정과 하자가 발생하는 원인 등을 1년 동안 일하면서 배워 나갔다. 이렇게 의류 제작 과정을 마스터하고 소매점에서 근무한 경험까지 더하니 그는 재기에 자신감을 갖게 되었다.

부창부수(夫唱婦隨)면 금상첨화

김 사장은 다시 가게를 열었다. 이번에는 예상대로 장사가 잘되었다. 그도 이제는 결혼을 준비해야겠다는 생각이 들어 주변을 둘러보았다. 자신과 함께 일하면서 사업에 도움을 줄 수 있는 사람이라면 더욱 좋겠다는 생각이 들었다.

그런 조건에 맞는 사람을 찾던 중 마침 근처 도매 시장에서 어머니를 도와 일하는 아가씨를 알게 되었고, 둘은 마침내 결혼을 하였다. 결혼한 뒤 부인은 그동안 축적한 인적 자원과 영업 노하우를 김 사장의 가게에 적용하였다. 부인의 힘까지 더하자 김 사장 혼자서 할 때보다 장사가 훨씬 잘되어 남들은 IMF로 힘들어할 때인데도 돈을 더 많이 벌어들였다.

김 사장 부부는 싼값에 나온 부동산을 사고 연금도 가입하면서 재산을 적정하게 안분 투자하여 노년을 위한 준비를 차근차근 하였다.

하나부터 열까지 돈 버는 기술을 내 것으로 만들어라

돈 없는 서러움을 직접 겪으면서 돈의 위력과 소중함을 깨달은 것은 김 사장이 부자가 되는 데 가장 중요한 단초였다. 그는 이 세상을 살아가는 데 돈이 얼마나 중요한지를 뼈저리게 느끼고 돈을 벌기 위해 끝없이 노력했다.

김 사장의 돈 버는 기술은 책을 통해서 배운 것이 아니라 직접 발로 뛰면서 경험을 통해 하나하나 배워 자신의 것으로 만든 것이다. 또한 돈을 벌 때까지는 자존심이란 단어를 버리자고 결심하고 하나라도 더 배우겠다는 자세로, 뭐든지 내가 할 줄 알아야 된다는 고집을 가진 것도 김 사장이 성공하게 된 이유로 꼽을 수 있다. 특히 성공한 사람들의 이야기나 경험을 듣고 보고 배워서 자신에게 맞게 받아들인 것이 그를 크게 성공시킨 밑거름이 되었다.

스무 살이 넘으면 제 손으로 돈을 벌라고 하라

김 사장은 우등생이었던 어떤 학생이 친구들과 어울려 다니기 시작하더니 공부와 담을 쌓고 담배를 피우고 술을 마시는 등 부모 속을 썩이더니 결국 대학 진학도 포기하게 된 경우와 자신을 비교하면서, 인생은 자신이 결정해서 살아가는 것이지 부모나 다른 누구도 대신 살아줄 수 없다고 강조한다.

그는 부모로서 아이들이 하고자 하는 일은 최대한 지원해 주고 있다. 즉, 부모라는 지위에서 아이들을 좌지우지하는 것이 아니라 아이들이 하고 싶어 하는 것을 마음껏 할 수 있는 환경을 만들어 준다.

특히 김 사장은 자녀의 경제 교육에 있어 남다른 면이 있다. 그는 아이들에게 매월 1일 정해진 용돈을 주고 있는데, 아이들이 스무 살이 될 때까지는 계속해서 지급할 것이라고 한다. 그러나 스무 살이 넘으면 단 한 푼도 주지 않을 것이며, 스스로 벌어서 쓰게 할 것이라고 한다. 학비의 경우 아이들에게 빌려주는 형식을 취해 대학을 마치도록 할 것이며, 그 학비는 나중에 돌려받을 것이란다.

그는 아이들에게 먹는 것, 입는 것 등은 되도록 최고로 해 주고 있다. 특히 외식을 할 때는 정장을 입히고 최고의 음식점에 데려가 좋은 대접을 받게 하고, 매너와 예의범절을 배우도록 신경을 쓰고 있다. 나중에 아이들이 커서 최고의 대접을 받았던 기억을 되살려 최고가 되기 위해 스스로 노력하도록 하기 위함이다.

돈은 벌 만큼 벌면 즐기면서 살리라

김 사장의 차는 연예인들이 많이 타고 다니는 밴이다. 자기에게는 역마살이 있어서 그것을 풀기 위해 차로 여행 다니기에 좋은 것으로 구입했다. 그는 차를 타고 전국을 누비며 세상 돌아가는 모습을 보면서 즐기고 싶다고 말한다.

어찌 보면 돈은 살아갈 만큼만 있어도 충분할 것이다. 그러나 자신의 인생을 자기 뜻대로 살지 못한다면 아무 소용이 없다. 김 사장은 돈은 젊었을 때 열심히 벌고 40대 후반부터는 인생을 즐길 수 있어야 성공한 사람이라고 생각한다면서 이를 실천하기 위해 열심히 뛰고 있다.

성공한 사람들의 경험을 그대로 자신의 상황에 맞추어 실천하라.

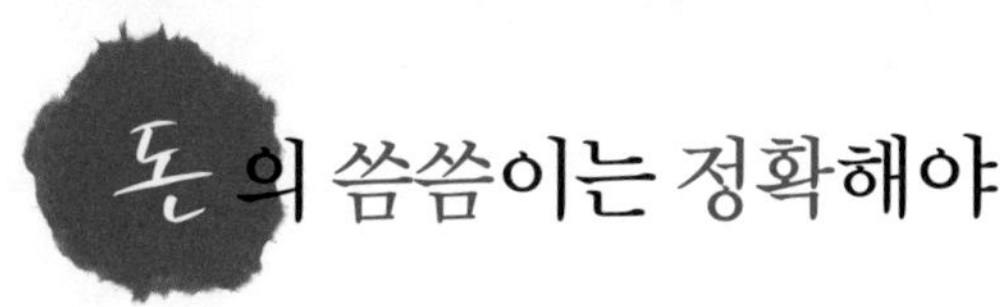

돈의 씀씀이는 정확해야

배우는 데는 돈과 시간을 아끼지 말자

지금도 일주일에 두 번 이상 골프장에 나가 18홀을 돌 수 있을 만큼 정정한 일흔 살의 의학 박사 김진수. 강원도에서 태어난 김 박사는 어려서부터 총명하여 그의 부모님은 은근히 그에게 큰 기대를 품고 있었다. 김 박사 자신도 부모님의 욕심을 느끼고 앞으로 큰 인물이 될 미래를 꿈꾸었다.

부모님은 김 박사가 더 넓은 세상으로 나가 더 많이 공부하기를 바랐다. 중학교에 들어갈 무렵이 되자, 부모님은 "사람은 서울로 보내고, 말은 제주도로 보내라."는 말을 따라 김 박

뽑기탕진

사를 서울로 보냈다. 김 박사는 부모님의 뜻에 따라 혈혈단신 서울 유학길에 올랐다.

어린 나이에 부모와 떨어져 홀로 낯선 곳에서 살아가기가 두렵고 힘들었지만, 그는 지금 이 상황을 이겨 내지 못하면 아무것도 이룰 수 없다고 이를 악물었다. 그는 열심히 공부하는 한편 넉넉지 못한 살림에 학비를 보태기 위해 틈틈이 일도 하면서 열심히 공부하여 중 · 고등학교를 우수한 성적으로 졸업했다.

사회인으로서 당당히 자리를 잡으려면 전문직을 가져야 한다는 부모님의 권유도 있고 평소 의사가 되고자 했던 김 박사는 의과대학에 진학했다. 그런데 대학을 다니는 동안 6 · 25 전쟁이 일어나 수도가 부산으로 옮겨 가면서 학교도 부산으로 옮겨 갔다.

낯선 객지, 그것도 피난처에서도 김 박사는 학업을 계속해야 한다는 집념만은 포기하지 않았다. 이미 중 · 고등학교 시절에 어려운 상황을 꿋꿋이 견뎌 낸 경험이 있었던 김 박사는 결코 좌절하지 않고 학업을 무사히 마쳐 졸업한 뒤 바라던 대로 전문의가 되었다.

의사가 된 김 박사는 환자를 대할 때도 진료를 할 때도 최선을 다했다. 밤이든 휴일이든 환자가 찾아오면 항상 웃으면서 최선을 다해 돌보았고, 환자들도 그런 김 박사를 믿고 찾았다.

김 박사의 당시 생활에는 언제나 긴장감이 감돌아 흡사 특수부대의 5분 대기조나 119 긴급 출동 대원들의 생활 같았다. 마음 놓고 여행 한번 제대로 다녀오지 못할 만큼 김 박사는 병원 안에서 환자들과 삶을 함께했다. 그러나 자신이 하는 일에 대해서 보람을 느끼고, 병이 나았을 때 고마움을 전하는 환자들이 있었기에 만족하고 살 수 있었다.

김 박사는 특히 자녀 교육을 중요시한다. 자기보다도 자식에게 투자하는 것이 온 가족이 한 단계 앞으로 나아갈 수 있는 지름길이라고 생각한다. 자식에 대한 투자는 곧 교육의 기회를 만들어 주는 것이다. 그러나 그는 무엇보다도 아이가 스스로 공부하고자 하는 마음을 가질 수 있도록 공부의 필요성을 깨닫게 해 주는 게 중요하다고 말한다. 특히 아이가 장래에 무엇을 할 것인지 올바른 선택을 할 수 있도록 조언을 아끼지 말라고 강조한다. 물론 그렇게 뒷받침해 주기 위해서는 경제적인 안정을 이루고 화목한 가정환경을 만드는 것이 중요하다고 덧붙인다.

티끌 모아 태산

김 박사는 경제적인 토대를 마련하는 일에도 성실히 임했다. 돈을 쓸 일이 생기면 그 지출이 꼭 필요한 것인지 다시 한 번 생각해 보고 꼭 필요한 곳에만 돈을 썼다. 그리고 같은 돈을 쓰더라도 더 많은 효용 가치가 있는 데 썼고, 남들에게 잘 보이기 위해서 돈을 쓰는 일은 절대 없었다. 아무리 수입이 많아도 지출이 많으면 돈을 모으기 어렵다고 생각했기 때문이다.

이렇게 생활을 꾸려 나가자 수입이 차곡차곡 쌓여 목돈이 되었다. 그는 그렇게 모은 돈으로 가지고 싶었던 것을 사기보다 오히려 돈을 더 보태어 다시 장기예금으로 저축하였다. 과거 성장 시대에는 예금 이율로도 돈을 불릴 수 있었다.

김 박사에게는 하찮은 푼돈이란 없었다. 아무리 적은 돈이라도 소중하게 생각했다. 큰 지출을 해야 할 때에는 금리를 따져 보고 되도록 지출을 최소화할 수 있는 시기를 결정했고, 공과금이나 세금 등은 반드시 제때에 내어 가산금 등을 지출하는 일이 없도록 했다.

푼돈이라도 모이면 결국 큰돈이 된다. 아무리 적은 돈이라도 소중하게 여기는 자세가 자리 잡히면 돈을 항상 귀히 생각하게 되므로 탄탄한 경제적 기반을 다지는 시기도 앞당길 수 있다.

묻지 마 투자는 절대 금물

어느 정도 목돈이 마련되자, 그 돈을 어떻게 활용하면 더 큰 수익을 얻을 수 있는지 조언을 하겠다는 사람들이 김 박사 주위에 나타났다. 이들은 김 박사에게 이런저런 정보를 제공했고, 그 덕에 힘들이지 않고 많은 정보를 얻게 된 김 박사는 그들의 조언에 따라 무작정 목돈을 투자했다.

그러던 어느 날, 자신이 한 투자가 최선이 아니었음을 깨달은 김 박사는 남의 말만 듣고 투자하는 것은 상당히 위험하며 좋지 않은 결과를 초래할 수도 있다는 것을 알게 되었다. 그다음부터는 다른 사람으로부터 얻은 정보는 참고만 하고, 투자를 결정할 때는 자신의 상황을 고려하여 스스로 판단하기로 했다.

그 후로 김 박사는 정확한 정보를 얻기 위해 늘 눈과 귀를 열어 두었다. 신문의 경제면에 관심을 갖고 자신에게 필요한 내용은 스크랩을 해 두었고, 경제 흐름에 민감하게 움직일 수 있도록 TV나 라디오의 경제 프로그램을 통해 시대의 경제를 보는 안목을 키우려고 노력했다.

또한 금융권 직원들이 새로운 상품을 소개해 주면 귀찮아하지 않고 금융 상품 소개와 함께 알려 주는 세금이나 법률 상식에 귀를 기울였다. 문제에 봉착했을 때는 남에게 맡기기보다 스스로 발로 뛰어다니며 전문가의 자문을 구했다. 새로운 투자 정보에 대해서는 자신이 알고 있는 기본 지식을 토대로 여러 사람의 견해를 경청하고, 필요한 경우 전문가에게 자문을 구해 종합적으로 분석한 다음 최종적인 결정은 내렸다.

김 박사가 투자에 있어서 이렇게 확고한 마인드를 갖기까지는 큰 대가를 치른 사건이 있었다. 나름대로 묻지 마 투자는 하지 않는다고 자부하던 김 박사도 1990년대 초반에 실수를 저지르고 말았다.

당시 김 박사는 강남에 집을 한 채 지을 만한 작은 대지를 가지고 있었는데, 우연히 지인의 소개로 건설업을 하는 사람을 알게 되었다. 그 사람은 그 대지를 구입하겠다고 하면서, 지금 자금 여력이 부족하니 그곳에 다세대 빌라를 지어 분양한 대금으로 토지 대금을 정산하겠다고 했다. 또한 건축비는 자신이 부담하고, 신축할 건물의 건축 허가나 등기상 소유권은 김 박사 명의로 해 준다는 것이었다.

김 박사가 분양이 안 될 경우를 걱정하자, 건설업자는 요즘 분양이 아주 잘되니 그런 걱정은 하지 말라며 호언장담했다. 김 박사는 설사 분양이 좀 지연된다 하더라도 건축물이 자신의 명의로 되어 있으니 채권은 확보된다고 생각하고 건설업자와 매매 계약을 체결했다.

그러나 전혀 예상치 못한 일이 벌어졌다. 준공 시점이 되자 건설업자는 좀 더 많은 이익을 올리겠다며 분양가를 높게 책정했고, 그 결과 좀처럼 분양이 이루어지지 않았다. 게다가 분양을 쉽게 하려면 건축물을 담보로 장기 대출을 받아야 하는데, 건설업자가 그 이자를 책임지겠다는 말에 하는 수 없이 대출까지 받게 되었다. 그러나 분양가가 높아 오랫동안 분양이 되지 않았으며, 자금 압박에 시달린 건축업자는 김 박사 모르게 건물에 전세를 놓았고 대출 이자까지 제때에 갚지 않아 은행에서 김 박사의 건물을 경매에 내놓게 되었다.

일이 이 지경이 될 때까지 건축업자의 말만 믿고 있었던 김 박사는 세입자들의 연락을 받고 나서야 건물이 경매 매물로 나왔다는 것을 알게 되었다. 뒤늦게 사태 파악에 나섰지만 이미 돌이킬 수 없는 상황이었다.

다른 건설업자나 전문가들을 통해 혹시 발생할 수도 있는 위험 요소를 알아보지 않고, 한 사람의 말만 믿고 투자를 한 결과는 너무도 참담한 것이었다. 대지를 그대로 가지고 있었을 때와 비교하면 손해가 이만저만이 아니었다. 토지 대금을 못 받은 것은 물론이거니와, 경매가 진행될 경우 전세금까지 책임져야 할 지경에 이른 것이다.

이 일은 결국 김 박사가 막대한 금전적 손해를 입고 정신적인 고통을 겪은 끝에 손을 터는 것으로 해결이 났고, 스스로 잘 알고 있어야 이용당하지 않는다는 자신의 철학을 더욱 굳히는 계기가 되었다. 아는 것이 힘인 것이다.

정도를 걸어야 승산 있다

과거 성장 일변도의 시대에는 투자할 곳만 있다면 대출을 받아서라도 자금을 마련해서 투자함으로써 수익을 얻는 것이 당연하게 여겨졌었다. 낡은 집을 소유하고 있다면 건축비가 마련되지 않았더라도 대출을 받아 집을 헐고 새로 지어 세를 놓으면 건축비를 변제하고도 높은 수익을 남길 수 있다고 생각하던 때였다. 혹은, 조만간 개발될 곳이 있다면 자신이 도저히 감당할 수 없는 거액의 돈이 들더라도 대출이든 그 밖의 다른 방법이든 총동원하여 어떻게든 투자만 하면 높은 수익을 얻을 수 있다는 논리가 지배적이었다.

다행히 경기가 좋다면 이러한 투자 방법은 자기 자본 없이도 큰돈을 벌 수 있는 지름길이 될 수 있다. 그러나 김 박사의 경우처럼 무리한 투자에는 무서운 결과가 뒤따를 확률이 높다. 예측하지 못한 사태에 부닥치면 수익은커녕 엄청난 손해를 볼 수도 있는 것이다.

김 박사는 그 일이 있은 뒤부터 무리하지 않고 자신이 감당할 수 있는 범위 내에서만 투자를 했다. 따라서 많은 돈을 벌 수는 없었지만 IMF와 같은 경제 상황도 큰 어려움 없이 보낼 수 있었다.

한 예를 들자면, 김 박사는 가깝게 지내던 S씨를 통해 영종도 개발 소식을 접하게 되었다. S씨는 자타가 공인하는 정보통으로, 그 당시 언론 기관 등에서도 영종도가 곧 개발될 것이라는 얘기가 나돌던 것과 때를 같이해 김 박사는 S씨로부터 영종도 투자를 권유받았다. 조금 무리가 되더라도 투자만 하면 빠른 시일 내에 많은 수익을 얻을 수 있다는 것이었다.

그때는 김 박사도 귀가 솔깃해졌다. 영종도가 곧 개발될 것 같은 사회 분위기였고, S씨도 허튼소리를 할 사람이 아니었기 때문이다. 그러나 김 박사는 투자하지 않았다. 과욕을 부리다 만약의 사태에 이를 수도 있고, 설사 큰돈을 번다 하더라도 투기를 해서 이룬 부는 오래가지 못한다고 생각했다. 또 잘못된 투자 성향을 키우기라도 하면 자신의 인생에서 얻는 것보다는 잃는 것이 더 많을 수 있다는 생각도 들었다.

주변 사람들은 김 박사의 이런 결정을 두고 쉽게 돈을 벌 수 있는 길을 포기했다며 비웃기도 했다. 그러나 김 박사의 판단이 옳았다. 영종도 개발은 예상보다 훨씬 지연되었고, 투자할 것을 권유했던 S씨는 무리하게 투자했다가 예상했던 대로 빨리 투자금이 회수되지 않아서 큰 낭패를 보았다.

자신에게는 엄격하게, 남에게는 너그럽게

김 박사는 늘 자기 자신에게는 엄격하지만 다른 사람들에게는 너그럽다. 그의 이러한 철학은 시간 약속을 지키는 것에서도 드러난다. 누구와 만나기로 약속하면 상대방보다 먼저 도착하여 기다린다는 마음가짐으로 약속 장소에 간다. 상대방이 일찍 온다면 빨리 일을 볼 수 있어서 좋고, 또 상대방이 조금 늦으면 기다리는 동안 상대방과의 만남을 준비하면서 의논해야 할 일을 다시 한 번 검토할 수 있는 여유가 생겨서 실수 없이 일을 진행할 수 있기 때문이다.

이렇게 함으로써 얻게 되는 것이 또 하나 있다. 어떤 약속이든 매번 먼저 도착해서 상대방을 기다리면 처음 한두 번은 상대방도 그러려니 하지만 만남이 지속될수록 점점 더 김 박사를 신뢰하게 되고, 이렇게 쌓인 신뢰는 보이지 않는 재산이 된다.

김 박사가 신뢰를 쌓는 또 다른 방법은 문서상의 계약뿐만 아니라 말로 한 약속도 반드시 지키려고 하는 노력이다. 보통 사람들은 말로 한 약속은 지키지 않아도 괜찮을 거라고들 생각하지만, 김 박사는 그런 약속을 지키는 것이 자신에게 손해가 될지라도 반드시 지켰다. 그럼으로써 문서화되지 않는다고 해서 건성으로 하게 되는 약속이라든지 지킬 수 없는 약속을 함부로 하지 않게 되었다. 이는 신용 사회에서 꼭 필요한 자세로 우리 모두 본받을 만하다.

김 박사는 또한 열심히 해 보려다가 어려움에 처한 사람들을 보면 그냥 지나치지 못하고 비록 자신에게 손해가 약간 있더라도 도움을 주려고 노력한다. 한편으로 김 박사의 이러한 생활 태도는 많은 사람들에게 희망을 주었다. 겉으로는 손해를 보는 것 같아도 오랫동안 일관되게 실천해 온 결과 그는 다른 사람들로부터 확고한 믿음과 신용을 얻게 되었고, 직간접적으로 그들의 도움을 받는 경우도 많았다.

무엇이든 좋아하고 잘하는 것을 취미로 삼아라

김 박사는 지금도 어떤 운동이든 웬만한 젊은이들과 대적할 만한 체력을 가지고 있다. 젊은 시절부터 아무리 바쁘더라도 퇴근 후에 한 시간씩 하루도 빠지지 않고 운동을 해 왔기 때문이다. 그는 술자리가 있는 날에는 조금 늦게 참석하는 한이 있어도 운동을 거르지 않을 만큼 운동을 좋아하고, 자신의 건강을 챙기는 일을 게을리하지 않았다.

또한 술보다도 스포츠를 통해 사람들과 교류하기를 즐겨 각종 스포츠의 기량이 수준급이다. 그렇다 보니 같이 게임을 하자는 사람들도 많아서 외로울 틈이 없다. 일흔의 나이에도 18홀 골프를 일주일에 두 번 정도, 그것도 걸어서 돌고 있다.

김 박사는 아무리 바빠도 운동을 게을리하지 말라고 조언한다. 젊어서 배운 운동과 취미는 나이 들어 인생을 즐기는 데 요긴하기 때문이다. 나이가 들면 돈도 중요하지만 주위에 사람이 있어야 한다고 그는 말한다. 아무리 돈이 많아도 사람이 없으면 외로워지고, 반대로 사람은 있는데 돈이 없으면 마음이 상하는 일이 생길 수 있으니, 나이가 들수록 돈과 사람을 함께 두는 것이 중요하다.

자기 주변에 사람을 끌어들이려면 돈도 중요하지만 그보다도 다른 사람들과 함께 어울릴 수 있는 취미를 가지고 있어야 한다. 그런데 이런 취미는 하루아침에 이루어지는 것이 아니라 젊어서부터 꾸준히 노력해야 사람들과 함께 즐길 수 있을 만한 실력을 갖추게 된다. 또 운동이나 취미로 젊었을 때부터 맺어진 오래된 관계는 나중에 나이가 들었을 때 삶의 참맛을 느끼게 해 줄 것이다.

정보는 정보일 뿐, 투자는 자산이므로 모든 상황을 고려하여 투자하라!

더불어 잘 살 수 있는 길을 찾아라

돈은 냄새가 난다

누구나 돈을 많이 가지고 있으면 감추려고 해도 숨기고 없는 듯이 살기가 어렵다. 특히 없이 살다가 살림이 피게 되면 자기 자신은 몰라도 다른 사람들은 "그 사람 많이 변했다.", "돈 좀 벌었다고 으시댄다."며 질시의 눈으로 바라보며 배 아파 한다.

그렇다면 돈을 많이 벌게 된 나 자신은 어떻게 변해 갈까? "그래, 옛날의 내가 아니야, 옛정을 생각해서 상대했더니 나를 우습게 봐? 없는 너희들끼리 잘 놀고 잘 살아라." 하면서 정을 나누었던 사람들과 하나 둘 멀어지고, 누가 나를 등쳐 먹지는 않을까, 누가 해를 끼치지는 않을까 노심초사하게 된다. 가족들끼리도 누가 더 부모 재산을 가져가지는 않는지 경계하게 되니, 물질적인 부는 이룰 수 있을지언정 정신적인 공허가 더 커질 것이다.

그러나 굳이 가진 것 없던 시절의 모습대로 살아야 할 이유도 없거니와, 돈이 많다면 그만큼 누리고 사는 것이 인지상정이다. 그렇다면 어떻게 해야 돈을 잘 관리하고 재산을 늘려 갈 수 있을까? 또한 다른 사람들의 시기를 받기보다 계속 좋은 사람이라는 말을 들으면서 돈을 불릴 수 있는 방법은 없을까? 여기서 사람들과 함께 더불어 잘살면서도 돈 관리도 잘한 사람을 소개하고자 한다.

망한 약사에게 약국을 내주다

재테크에 관심을 많이 갖고 대인관계가 원만해 많은 사람들로부터 각종 정보를 얻어 회사원으로는 보기 드물게 상당한 재력을 키운 남 부장. 그는 고등학교 동창회에 참석했다가 약대를 나와 약국을 하던 친구가 생활고에 시달린다는 소문을 듣게 되었다.

동창들 중에서 의리가 있기로 소문난 친구가 어쩌다 그렇게 되었는지 알아보니, 병원을 개원하는 다른 동창생의 보증을 섰다가 병원에 문제가 생겨 운영하던 약국을 정리하여 보증 채무를 갚고도 모자란 지경에 이르렀다는 것이었다. 일가친척들도 그리 넉넉한 형편이 못 되고 오히려 평소에 약사 친구의 도움을 받는 처지라 어디 기댈 곳도 없다고 했다.

남 부장은 곰곰이 생각한 끝에 그 친구를 만났다. 그리고 조심스럽게 한 가지 제안을 했다. "내가 자네에게 대형 약국을 하나 차려 주었으면 하는데 괜찮겠나? 조건은 서로 협의해서 결정하지." 조금 망설이던 친구는 고맙다는 말로 승낙하는 대답을 대신했다. 두 사람은 다음과 같은 조건으로 대형 약국을 차리기로 했다.

1. 모든 임대차 계약은 남 부장의 명의로 한다.
2. 남 부장 몫의 월 배당금은 매출 이익의 30% 선으로 하고 최저 은행 금리의 1.5배를 보장한다.
3. 약국에 설치하는 집기 비품은 남 부장 소유로 한다.
4. 약국에 재고로 남아 있는 약은 제약 회사에 약값을 지불하지 않았더라도 남 부장 소유로 한다.
5. 남 부장은 약국의 운영에 절대 간여하지 않는다.

이러한 조건으로 합의를 본 두 사람은 약국 자리를 찾다가 경기도 부천에 보증금 1억 원, 월세 200만 원, 권리금 7,000만 원 그리고 시설비 5,000만 원 및 초기 약 구입비 8,000만 원, 이렇게 약 3억 원의 자금으로 약국을 열었다. 원래 약국은 너무 잘사는 동네보다는 중 · 하류층이 많이 사는 곳, 사람들의 이동이 많은 시장통에서 잘된다고 한다.

아마도 독자들은 매출 이익의 30% 선을 배당금으로 받기로 했다면서 어떻게 약국 운영에 관여하지 않고 매출 이익을 알 수 있을지 궁금할 것이다. 총 매출 이익을 정확히 알 수는 없더라도 약국의 수입은 대부분 국민건강관리공단으로부터 통장에 입금되는 돈이기 때문에 최소한 매출 이익의 90% 정도는 알 수가 있다. 때문에 남 부장은 운영에 관여하거나 장부를 일일이 확인할 필요가 없었던 것이다. 또한 믿고 맡기기로 했다면 운영을 일임하는 것이 기본 예의일 테고, 의욕적으로 일할 환경을 마련해 주는 것이기도 하다.

이렇게 서로 배려하는 마음으로 동업해 차렸기 때문인지 약국은 기대했던 것보다 서너 배의 수입을 올렸다. 주변의 병원 환자들이 몰려들면서 동업자끼리 전화 통화하기도 힘들 정도로 약국이 바쁘게 돌아갔다. 물론 자신을 돕기 위해 담보도 없이 3억 원이라는 거금을 투자한 남 부장을 위해, 그리고 자신의 미래를 위해 김 약사가 열심히 일한 결과였다.

약국의 한 달 매출 이익이 5,000만 원에 달했는데, 김 약사는 남 부장에게 월 2,000만 원을 지급하겠다고 했으나 남 부장 입장에서는 너무 과한 수입이었기 때문에 정중하게 거절하고 1,000만 원만 달라고 했다. 이제 김 약사도 부채를 어느 정도 청산했고 독립하여 약국을 차릴 만한 여유가 생겼다.

어느 날 남 부장은 약국을 혼자서 해 보는 게 어떻겠냐고 제안을 했다. 그러나 김 약사는 "나는 자네에게 평생 갚아도 모자랄 은혜를 입었네. 돈으로도 갚을 수 없는 은혜지. 내가 영업을 하는 한 매월 정해진 금액은 줄 테니 보험으로 생각하고 받게." 하고 말하며 사양했다고 한다.

김 약사는 약국을 차려 주어 재기할 수 있도록 도와준 남 부장을 은인으로 생각하며 좋은 친구라는 칭송을 아끼지 않는다. 동창 모임에 나가서도 입에 침이 마를 정도로 남 부장 칭찬을 하여 동창들 사이에서 남 부장의 인기가 높아졌다.

사실 그전에는 남 부장이 돈 좀 모으고 골프를 치자 동창들 사이에 좋지 않은 말들이 있었다. 그러나 김 약사를 도와준 일로 인해 동창들 사이에서 의리 있고 대범한 친구, 멋있는 사람으로 통하게 되었다.

남 부장은 이미 김 약사로부터 투자금 이상을 회수한 상태다. 그는 지금 김 약사의 제안에 따라 연금보험에 가입했다는 생각으로 매달 일정한 금액을 받으며 여유로운 생활을 누리고 있다.

남 부장과 김 약사의 사례는 자본을 가진 자와 자격증을 가진 자가 서로의 필요에 의해 뭉쳐서 성공한 좋은 본보기이다.

형제끼리 임도 보고 뽕도 따고

증권 회사에 다니는 조 과장은 IMF 때 주식 투자를 하여 대박을 터트린 사람이다. 조 과장은 가정형편이 어려워 바로 위의 형이 방을 얻어 주고 학원비도 대주면서 공부할 수 있게 도와준 덕에 대학을 졸업할 수 있었다. 형은 그 밖에도 음으로 양으로 많은 도움을 주었다.

대학을 졸업하고 증권 회사에 입사한 조 과장은 IMF 때 주식으로 50억 이상 벌었다. 그에게 큰돈이 생기자 그동안 흉허물없이 가까이 지내던 형이 조금씩 멀어지는 듯했다. 조 과장 자신은 조심스럽게 행동하려고 신경을 쓰긴 했지만 골프도 치고 해외여행도 다니다 보니 형제간에 거리감이 생겼던 모양이다.

형제가 여럿 있었지만 조 과정은 유독 바로 위의 형이 마음에 걸렸다. 언제나 자신을 도와주었던 그 형은 중학교만 졸업하여 가진 것이라곤 몸으로 때울 수 있는 기술뿐이었다. 배관공사나 수도 설비 공사 등의 일을 했는데, 고생에 비해 벌이가 많지 않아 보기에 안타까웠다.

조 과장은 주식 투자로 벌어들인 50억 원을 분산해서 운용하고 있었다. 그런데 어느 날 형이 전화를 걸어 왔다. 형은 "동네에 좋은 목욕탕이 매물로 나왔는데 네가 사면 어떻겠니? 장사도 잘되는 곳이고 임대를 놓아도 월세가 꽤 될 거야."라며 좋은 정보를 알려 주었다. 조 과장은 자신의 자산 포트폴리오에서 부동산의 비중이 약해 마침 부동산을 살까 생각하던 터라 잘됐다 싶어 당장 그곳을 찾아가 둘러보았다. 목욕탕은 그런대로 장사가 되는 것 같았다.

조 과장은 형에게 이런 제안을 했다. "목욕탕은 내가 살 테니 등기는 형 앞으로 하고 근저당 설정만 합시다. 목욕탕은 형이 운영하고 나한테는 매달 월세 형식으로 은행 대출금리 정도를 줘요. 대신 목욕탕을 팔게 될 때는 매매 차익을 반반씩 나누어 가집시다." 조 과장의 말에 형은 반색하고, "정말 내가 목욕탕을 운영해도 되겠어? 나야 그러면 좋지. 보일러 설비는 내가 손볼 수 있으니 사람을 부를 필요도 없고 이래저래 잘됐네." 하며 좋아했다.

그렇게 해서 3억 원을 주고 형 이름으로 목욕탕을 매수한 조 과장은 약속한 대로 은행 대출금리 정도의 월세를 받았고, 형은 열심히 목욕탕을 운영했다. 벌써 3년째가 되었는데, 현재 목욕탕 값은 50% 정도 올랐다. 조 과장은 은행에 넣어 두는 것보다 두 배가 되는 이자 수입이 생겨서 좋고, 형은 형대로 전보다 편하게 일하면서 안정적인 생활을 누릴 수 있게 되었다. 그러나 무엇보다도 좋은 일은 형제간의 우애가 돈독해졌다는 것이다.

조 과장은 형이 편히 살게 됨으로써 형에게 빚을 갚은 것 같아 마음이 편하다고 한다. 그러나 그는 형제간일수록 돈거래를 하지 말라고 조언한다. 피치 못하게 돈을 빌려 주어야 할 경우가 생기면 처음부터 절차를 확실히 해 두어야 형제간에 다툼이 생기지 않고 우애를 계속 이어 갈 수 있다고 거듭 강조한다.

백수 채권 장사 입문해 주택 장만하다

강원도 시골에서 태어난 김 법무

사는 고향에서 그 연배에 유일하게 대학을 졸업하였고, 자격증을 내걸고 사업을 하는 터라 출세한 사람 축에 끼었다. 그러다 보니 고향에 내려가면 이것저것 부탁받는 일이 많았으나 출세했다며 치켜세우는 것이 싫지만은 않았다.

고향 어른들이 서울에 올라왔다가 들를 때는 식사를 대접하고 차비도 챙겨 드리며 어떤 때는 자기 집에 묵어가게도 하니 고향에 계신 부모님과 큰 형은 김 법무사 덕에 낯이 선다고 좋아했다. 이렇게 그가 고향 사람들에게 잘하니 고향에서도 수확한 농산물을 보내와 먹을거리 걱정이 없다.

이런 선물을 받고부터 김 법무사는 매년 10월 말경에 고향 마을에 관광버스를 보내어 고향 어른들을 여행 보내 드린다. 이런저런 이유로 고향에서는 김 법무사를 출세한 사람으로 보고 그가 잘되길 바라며 군수에 출마하라고 성화다.

그런데 어느 날 김 법무사 사무실에 고향 후배가 찾아왔다. 후배는 다짜고짜 "나도 형님처럼 되고 싶으니 여기에서 일하게 해 주십시오."라며 거의 떼를 쓰다시피 했다. 고향에서는 자신이 모든 일을 해결해 줄 수 있는 사람으로 알려져 있기 때문에 김 법무사는 고민이 되었다.

그때 그에게 문득 이런 방법이 떠올랐다. 법무사는 부동산 등기 업무를 많이 하게 되는데, 이때 반드시 필요한 것이 채권을 매입하는 일이다. 대부분의 사람들은 채권을 왜 사야 하는지, 그리고 산다면 얼마나 사야 하는지, 더군다나 어디서 얼마에 어떻게 팔아야 하는지를 몰라 그 일을 법무사에게 위임하는 경우가 많다. 그래서 김 법무사는 채권을 사고파는 일을 하면 돈이 되겠다고 평소에 생각하던 터였다.

김 법무사는 은행에서 5,000만 원을 찾아다 후배에게 채권장사를 시켰다. 채권의 흐름과 법률적인 성격 등에 대해서 이틀 동안 간단히 교육시키고, 자신이 알고 있는 법무사 10여 곳을 소개해 주었다.

채권이란 국가가 쓸 돈을 마련하기 위해 국민 등으로부터 미리 자금을 조달하는 방법으로 발행하는 일종의 차용증이다. 그런데 대한민국에서 부동산을 사면 국민주택1종 채권을 사야만 부동산 등기를 할 수 있도록 법으로 정해져 있어 부동산을 살 때는 반드시 국민주택1종 채권을 사야 한다. 의무적으로 사는 채권에 국가가 시중 금리보다 더 많은 이자를 줄 리가 만무하다. 그렇다 보니, 예를 들어 채권은 연간 3%의 금리로 발행하고 시중에서는 5%에 거래가 된다면 가만히 앉아서 2% 차액만큼의 이자를 손해 보고 있는 셈이다. 이렇듯 이자가 곧 손해이니 대부분의 사람들은 빨리 팔아 치우는 것이 상책이라고 생각하고 채권을 즉시 할인하는 방법을 택하고 있다. 그래서 등기를 해 주는 법무사에게 일정 금액을 받고 넘기거나 부동산 중개업자에게 넘기고, 등기소에서 채권을 팔라고 하는 아주머니들에게 팔기도 한다.

시중 금리와 채권 금리의 차이가 보통 2% 정도 나는데 채권 발행 기간이 10년이어서 매년 2%씩 10년간 약 20%의 손해를 보게 된다. 은행에서는 매일 아침 그날의 채권 기준가를 알려 주는데, 법무사들은 이런 채권의 기준 가액보다 100만 원당 약 25,000원을 더 할인해서 고객에게 돈을 지불한다. 즉, 100만 원짜리 채권을 할인해 주면 약 25,000원의 이익이 생긴다는 것이다. 이것은 땅 짚고 헤엄치기 식으로, 매일 은행에서 알려 주는 기준가에서 챙기고자 하는 이익을 뺀 금액을 주고 채권을 받아 은행 또는 증권 회사에 입고하면 바로 그날 오후에 돈이 들어온다.

이러한 사실을 잘 알고 있던 김 법무사는 후배에게 이 일을 하도록 맡겼다. 5,000만 원으로 시작한 채권 할인 사업은 꽤 많은 이익을 남겼다. 영업의 관건은 매일 채권을 확보하는 것이었다. 그래서 김 법무사는 후배에게 100만 원당 남는

25,000원을 배분하는 방법에 대하여 제시했다. 직접 일을 하는 후배에게 10,000원, 돈을 대는 김 법무사에게 5,000원, 채권을 소개해 주는 법무사에게 10,000원으로 이익을 배분하자고 했다. 후배도 이 조건을 흔쾌히 받아들였고, 채권을 취급하는 여러 곳에서도 전보다 더 많은 물량을 공급해 주기 시작했다. 결국 김 법무사가 2억 원을 재투자해야만 하루 채권 물량을 소화할 정도가 되었다.

후배는 후배대로 돈을 벌게 되었고, 후배가 고향에 가서 김 법무사가 도와준 일을 말하고 다니며 소문을 내는 바람에 김 법무사에 대한 칭찬이 더욱 자자해졌다. 또 김 법무사 입장에서는 은행 예금이자에 비해 수십 배의 수입이 생겨서 좋았다. 주변의 법무사들도 후배를 도우며 양심적으로 일한다며 도움을 주기 위해 애쓴다. 만약 김 법무사와 후배가 욕심을 부려 더 많은 이익을 챙겼다면 오늘과 같이 성공할 수 없었을 것이다.

Tip

사람에게 투자하고 욕심을 버려라!

Part 3

부자가 되려면 부자에게 배워라

잘난 사람, 많이 가진 사람,
유식한 사람을 있는 그대로
인정할 줄 알아야 내 마음이
편해지고, 스스로 나아지기
위해 노력하게 된다.

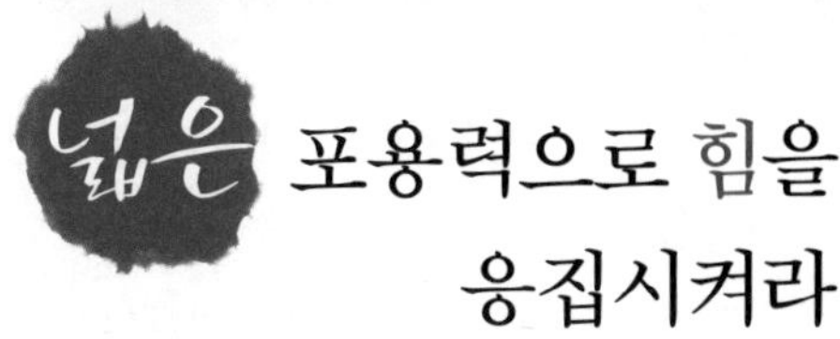

넓은 포용력으로 힘을 응집시켜라

남보다 앞서 가는 데는 그럴 만한 이유가 있다

40대 초반에 대기업 임원으로 발탁된 오승훈 전무는 남들처럼 언제 임원 자리에서 물러나게 될까 걱정하지 않는다. 왜냐하면 이미 자기 능력 이상의 것을 얻었다고 생각하기 때문이다. 오 전무는 언제 무슨 일이 발생하든지 운명을 받아들일 각오가 되어 있어 마음이 편안하다.

오 전무는 말 그대로 돈도 백도 없는 집안 출신에 대학도 별 볼일 없는 지방 대학을 나와 학벌도 시원치 않았고, 명석한 두뇌를 가진 것도 아니었다. 회사에서도 남보다 뛰어난 업적을 올리거나 기발한 아이디어를 내어 주목을 받은 적도 없었다.

그러나 오 전무에게 남들과 다른 특별한 재주가 있다면 그것은 사람을 편안하게 만들고, 누구에게나 솔직한 대화를 나누면서 고민을 털어놓고 싶어지게 만든다는 것이었다.

누구든 편안한 마음으로 그를 찾아가 소주잔을 기울이며 개인적인 일이나 회사 생활의 고민을 털어놓곤 하여 사내에 적이 없었고, 오 전무를 흉보거나 험담하는 사람도 없었다. 사내 인기 순위에서는 언제나 일등을 도맡았다.

오 전무는 회사의 화합을 이끄는 중심인물이 되었고, 업무 능률을 올리는 데 기여한 바가 컸다. 그래서 비록 특출한 인물은 아니었지만 동기들 가운데에서 가장 먼저 승진을 했다. 그러나 직원들 가운데 어느 누구도 이의를 제기하거나 시기하는 사람이 없어서 남들보다 일찍 임원 자리에 앉고도 오래도록 자리를 보존할 수 있었다.

오 전무가 처음부터 털털한 이웃집 아저씨 같은 친근함을 가지고 누구에게나 편안한 상담자 역할을 한 것은 아니었다. 모든 일에는 계기가 있게 마련이다.

지방에서 대학을 다닌 오 전무는 친구들과 어울려 등산과 운동을 즐겨 하고 농촌 자원봉사를 하면서 여러 사람들과 대화를 하는 법을 익혀 자연스레 상대방의 말에 경청할 줄 아는 사람으로 변해 갔다. 자기도 하고 싶은 말이 많은데 주로 남의 말을 들어주는 입장이다 보니 어떤 때는 짜증이 나기도 했지만, 점점 거기에 익숙해지자 말은 많이 하는 것보다 적게 하는 것이 상대방으로 하여금 나를 편하게 느끼도록 만드는 무기라는 것을 알게 되었다.

상상구(相桑龜)를 지키면 반드시 성공한다

옛날 어느 마을에 홀로 된 노모를 모시고 사는 착한 청년이 있었다. 어느 날 어머니가 병으로 몸져누웠는데 의원들도 무슨 병인지 알 수가 없었다. 이 약 저 약 써 보았지만 모두 허사였다. 그러다 이제 마지막이라는 생각으로 찾아간 한의원에서 어머니의 몸에 좋다는 처방전을 받았는데 수백 년을 산 바다거북을 잡아서 푹 고아 드리라는 것이었다. 청년은 당장 거북이를 잡으러 바닷가로 떠났다.

며칠 동안 바닷가를 헤맨 끝에 드디어 수백 년 묵은 바다거북을 잡은 청년은 한시라도 빨리 어머니의 병을 낫게 해 드리기 위해 고향으로 향했다. 그렇게 한참을 가다가 피곤해 잠시 나무 그늘 아래에서 쉬고 있는데 바다거북이 청년에게 말을 걸었다.

"왜 나를 잡아 가는 거냐?"

"너한테는 미안한 일이지만, 우리 어머님이 편찮으신데 바다거북을 고아 드셔야 낫는단다."

그러자 바다거북이 이렇게 말했다.

"나는 수백 년 묵은 영물이라서 절대로 인간의 손으로는 죽일 수 없다. 아무리 날카로운 칼도 나를 베지 못하고, 아무리 뜨거운 물도 나를 익히지 못하며, 아무리 잘 타는 장작불도 나를 태울 수가 없으니 헛고생하지 마라."

그런데 마침 청년이 기대어 쉬고 있던 나무가 하는 말이 더 걸작이었다.

"나 또한 수백 년 살고 있는 뽕나무인데, 나를 장작으로 때면 그 불에 타지 않는 것을 보지 못했고, 물을 끓이면 그 물에 익지 않는 것을 보지 못했다."

몸도 마음도 지칠대로 지친 청년은 너희들끼리 싸우라며 대수롭게 생각하지 않고, 집으로 돌아와 가마솥에 바다거북을 넣고 장작에 불을 붙여 끓이기 시작했다. 저녁나절이 되어 청년은 바다거북이 잘 익었을 것이라 생각하고 솥뚜껑을 열어 보았다. 그런데 바다거북이 고개를 삐죽 내밀면서 말했다. "거봐라, 내가 뭐라고 했니. 난 아무리 삶아도 삶아지지 않는다니까."

난감해진 청년은 장작을 더 많이 넣고 불을 세게 땠다. 그러기를 3일 밤낮, 이제 익었겠지 하고 솥뚜껑을 열어 보았더니 바다거북은 전과 다름없이 살아 있었다. 어떻게 해야 하나 고민하던 총각은 뽕나무가 한 말이 생각났다. "맞아, 그 뽕나무는 뭐든지 태우고 익힐 수 있다고 그랬지."

청년은 한걸음에 뽕나무가 있던 곳으로 달려가 뽕나무를 잘랐다. 그리고 뽕나무로 만든 장작으로 불을 지피니 신기하게도 바다거북이 사르르 녹아 거북탕으로 어머니를 구할 수 있었다.

입조심을 해라

상상구의 이야기에서 팔팔 끓는

물에도 익지 않던 바다거북이 어떻게 죽었던가. 멀쩡히 수백 년을 살던 뽕나무가 왜 청년의 손에 잘렸던가. 만약 바다거북과 뽕나무가 입을 굳게 다물고 있었다면 그 둘은 더 오랫동안 살 수 있었을 것이다. 그런데 그들은 자신의 비밀을 내뱉는 바람에 목숨을 잃게 되었다.

이런 예는 우리 주변에서도 찾아볼 수 있다. 과거에 검찰의 수뇌부 중 한 사람이 폭탄주를 마신 상태에서 "옥천에서 발생한 노조 문제는 우리가 작전의 일환으로 만든 사건이었다."라고 발설하여 구속된 적이 있다. 한창 잘나가던 그는 그대로 계속 승승장구했다면 검찰총장에 법무부 장관, 국회의원도 할 사람이었는데, 말 한 마디 때문에 그동안 이룩한 업적이 한순간에 무너지고 말았다.

이렇듯 말의 위력은 대단하다. 그러므로 성공하고 싶거나 부자가 되고 싶다면 입조심을 해야 한다. 말은 한 번 내뱉으면 다시 주워 담을 수 없다. 말 한 마디 때문에 흥하고 망하게 된 사연은 주변에서도 많이 들어 보았을 것이다.

자화자찬(自畵自讚)은 금물

PR 시대라 하여 사람들은 자신을

알리기 위해 노력하고 있고, 남보다 잘났다고 스스로 떠들고 다녀야 인정받을 수 있다고 생각한다. 그래서 있는 그대로의 자신보다는 만들어진 인격과 부풀린 능력을 가진 과대 포장된 모습으로 인해 인간관계를 오랫동안 유지할 수 없게 되는 경우도 종종 있다.

그러나 스스로 잘났다고 떠들고 다녀서는 절대로 성공할 수 없다. 차라리 남들보다 못나 보여야 성공할 수 있는 확률이 더 높은 것 같다. 사람들은 은연중에 자기보다 잘난 사람 혹은 더 가진 사람을 편견을 가지고 바라보고 배척하거나 은근히 잘못되기를 바라는 마음을 가지게 된다.

따라서 성공하거나 부자가 되려면 스스로 난 잘났다, 돈이 있다, 많이 안다고 남들에게 떠들어 대서는 안 된다. 인격을 완성하고 실력을 다져 남들이 알아서 인정해 주도록 만들어야 한다. 그리고 상대방으로 하여금 도와주고 싶은 사람으로 인식된다면 성공을 향한 고지에 절반은 다다른 것이다.

예를 들어 눈이 충혈되어 회사에 출근했더니 동료들이 왜 그러냐고 물어봤다고 하자. 이때 만약 "어젯밤 애가 많이 아파서 병원에 들쳐 업고 갔다 오고 밤새 돌보느라 잠을 못 자서 그래."라고 한다면 동료들은 피곤할 테니 일찍 퇴근하라고 할 것이다. 그러나 "오랜만에 고등학교 동창들하고 만나서 한잔하고 밤새 고스톱을 쳐서 돈을 땄지 뭐야."라고 한다면 동료들은 "돈 땄으니 오늘 한턱 쏴."라며 점심을 얻어먹으려 할 것이다.

거듭 강조하지만 자기 자신의 일은 낮추어 평가하고 겸손해져라. 그리고 남의 잘난 면, 잘된 일에 대해서는 시기하지 말고 있는 그대로, 한술 더 떠서 좀 과대평가하여 인정해 주어라. 그러면 자신의 잘난 면이 더욱 빛나고 남들의 존경과 끈끈한 인간관계를 이끌어 내게 된다. 이렇게 적을 만들지 않고 내 편을 많이 만들면 성공하거나 돈을 벌 수 있는 기회를 더 많이 만나게 될 것이다.

남의 장점을 말하는 습관을 길러라

자기 입은 스스로 단속하면 된다지만 다른 사람들이 나에 대해서 말하는 것은 어떻게 관리해야 할까?

예를 들어, 한 여직원이 비싸게 주고 최신 유행 머리를 하고 다음 날 들뜬 마음으로 출근을 했다. 그런데 지나가던 김 과장이 "아줌마 스타일 머리 했네."라고 했다면 여직원은 단번에 기분이 상해서 김 과장이 부탁하는 일은 해 주지 않기로 마음먹는다. 그런데 이번에는 박 부장이 "그거 최신 유행하는 헤어스타일 아냐? 아주 잘 어울리는걸." 하고 말하면 여직원은 금세 기분이 좋아져서 박 부장에게 호감을 갖게 되었다.

그러던 어느 날 사장이 사원들과 대화 시간을 갖는 자리가 마련되었다. 그 자리에서 여직원은 박 부장에 대해서 아주 좋게 말해 준다. 물론 김 과장에 대해서는 험담을 늘어놓지는 않더라도 좋은 말을 해 주었을 리는 만무하다. 그러면 사장 입장에서는 박 부장이 직원들로부터 존경받는 인물이라고 생각하고 임원 선출에 그를 고려해 보게 될 것이다.

말은 돈 안 들이고 하는 최고의 접대다. 당사자에게 직접 하는 말이든 제삼자에게 하는 말이든 다른 사람에 대해서는 좋은 말만 하는 것이 성공의 한 요소임을 반드시 기억해야 한다. 만약 남에게 싫은 소리를 해야 한다면 전후 사정을 잘 설명하고 이해시킨 뒤 상대방이 수긍할 만한 상태에서 말을 꺼내야 한다.

그렇지 않고 상대가 잘못한 일을 불쑥 꺼내거나 공격하듯이 말하면 그쪽에서는 바로 방어 자세를 취하고 자신의 잘못을 합리화하기 위해 변명을 늘어놓게 될 것이다. 이렇게 해서는 상대가 잘못을 인정하고 고치기 어려울 뿐더러 잘못했다가는 싸움으로 번질 수도 있다. 그러면 결국 적을 하나 만들게 되는 셈이다.

오른손이 하는 일은 왼손이 모르게

누구나 자기 입장에서 생각을 한다. 예를 들어 젊은 여자가 나이 든 남자와 팔짱을 끼고 다니는 모습을 보고, 어떤 사람은 '부녀지간에 저렇게 다니니 참 보기 좋네.' 라고 생각하고, 또 어떤 사람은 '혹시 불륜 관계가 아냐?' 라고 생각했다. 그러나 둘 다 틀렸다. 나이 든 남자는 젊은 여자의 은사로, 다른 제자와 젊은 여자를 서로 소개시켜 주는 자리에 가는 길이었다. 이처럼 자기 입장에서 다른 사람을 평가하다 보면 오해가 생길 수 있다.

또 다른 예로, 김 과장이 같은 사무실에 근무하는 여직원이 어떤 호텔에서 나오는 것을 보았다고 하자. 다음 날 회사에 출근한 김 과장은 여직원이 왜 호텔에 갔었는지 알아보지도 않고 이 과장에게 "어제 저녁에 호텔에서 미스 김이 나오는 걸 봤어." 하고 얘기한다. 결국 이 말이 돌고 돌아 2, 3일 후 다시 김 과장의 귀에 들어온 내용은 "미스 김이 자기 아버지뻘 되는 사람하고 호텔에 드나든대. 그 남자는 돈 많은 사업가라는 군."이었다.

소문이 일파만파 퍼져 여직원은 회사를 다닐 수 없을 정도가 되었다. 여직원이 어떻게 해서 그런 소문이 퍼졌는지 소문의 진원지를 찾은 끝에 김 과장이 발단이라는 것을 알게 되었다. 여직원은 김 과장을 찾아가 "내가 나이 든 남자하고 호텔에서 나오는 거 봤어요?"라며 따지고 들었다. 이는 소송까지 번질 수 있는 문제다. 물론 김 과장은 여직원이 나이 든 남자와 호텔에서 같이 나왔다고 말한 적은 없지만, 여직원이 호텔에서 나왔다는 말을 전한 것은 분명한 사실이다.

말은 이 사람에서 저 사람으로 옮겨지는 과정에 부풀려지게 마련이다. 처음에는 객관적인 사실만을 담고 있었던 말이라도 사람들의 입으로 전해지면서 그들의 주관적인 생각이 첨가된다. 그것이 좋은 내용이라면 모르겠지만, 위의 사례와 같이 한 사람의 인생을 망치는 결과로 나타날 수도 있는 것이다. 그리고 우리 눈으로 본 것이 전부가 아닐 수도 있으므로 다른 사람에게 일어난 일은 되도록 말을 옮기지 않는 것이 좋다.

성공하려면 '입'을 조심해야 한다.

목표는 30억이다

돈 버는 방법을 터득하다

충청도의 한적한 시골 마을, 가구수를 합해 봐야 100여 호밖에 되지 않는 금강변의 한 마을에 호기심 많은 한 소년이 있었다. 그 소년이 초등학교 4학년 때의 일이다.

할아버지가 돌아가시자 소년의 집에 문상객들이 많이 찾아왔다. 그런데 소년의 집에서 담배를 사러 갔다 오려면 족히 30분이 넘게 걸렸다. 소년은 심부름 값을 받고 문상객들의 담배를 사다 주었는데 장례가 끝나고 돈을 세어 보니 60원이었다.

소년은 60원을 어디에 쓸지 여러 가지 궁리를 했다. 소년은 저축을 해서 학교에서 주는 저축왕 상을 탈까, 아니면 부모님에게 드릴까 고민을 하다가 학비를 낼 시기가 되면 매번 부모님이 학비를 제때에 주지 못해서 선생님한테 야단을 맞았던 형들과 자신의 모습이 떠올랐다. 그래서 60원을 더 불려야겠다는 생각에 당시 시골에서 돈으로 바꾸기 가장 쉬웠던 닭을 사기로 마음먹었다.

그러나 막상 60원으로는 닭을 몇 마리 살 수가 없었다. 닭 몇 마리로는 학비를 대기 어렵겠다고 생각한 소년은 계획을 1년 늦추기로 하고 암캉아지 한 마리를 샀다. 소년은 강아지를 정성껏 키워 1년 뒤 성견으로 자라 새끼를 열두 마리나 낳게 되었다. 소년은 강아지들을 모두 팔아 그 돈으로 닭과 오리 수십 마리를 사다 길렀다. 당시만 해도 달걀은 귀하고 비싼 식품이라 소년은 달걀을 팔아 돈을 벌 수 있었다. 그리고 닭과 오리가 알을 품어 부화하면 또 그것들을 팔아서 돈을 벌었다. 현금이 귀한 시골에서 소년은 현금을 융통하는 지혜를 터득한 것이다.

많이 두들긴 쇠일수록 단단하다

소년이 중학교 3학년이 되었을 때,

대청댐 건설로 마을이 수몰되어 마을 사람들은 어쩔 수 없이 마을을 떠나야 했다. 지금까지 농사만 짓던 사람들이 도시에 정착하려니 고생이 이만저만 아니었다. 게다가 유류 파동까지 겹쳐서 이래저래 보상금을 몽땅 날린 사람들이 많았다.

소년이 고등학교 2학년이 되었을 때부터는 부모님께 학비를 받을 수가 없었다. 스스로 의식주와 학비를 해결해야 할 처지가 되었다. 소년은 시장의 채소 가게에서 버린 배춧잎과 무 쪼가리, 생선 가게에서 생선 머리를 얻어다 선생님이나 학급 친구들에게 얻어 온 된장을 풀고 쌀을 넣어 죽을 만들어 먹었다. 또 남의 집 채소밭의 채소를 몰래 따다가 끼니를 때우기도 했다. 특히 겨울에는 연탄을 살 돈이 없어서 냉방에서 잠을 청해야 했다.

소년은 힘겹게 고등학교 시절을 보내고 대학 입학시험을 치르게 되었다. 공부를 잘했던 소년은 우리나라 최고의 대학에 합격했지만 입학금이 없었다.

시대의 흐름을 읽어야 한다

자존심 강한 소년은 이제 청년이 되어 스스로 돈을 벌어 등록금을 마련해야겠다고 마음먹었지

내 학비는
내손으로
마련해야지~

만 생각만큼 쉽지 않았다. 그래서 이리저리 고민하던 청년은 '사회에서 가장 필요로 하는 것' 이 바로 돈을 버는 길이라고 판단했다. 청년은 그 길로 무역 회사를 찾아가 사환으로 일하기 시작했다. 청년은 일을 배우는 기간을 6개월로 잡고 직원들의 시중을 들면서 어깨너머로 무역 일을 배웠다.

6개월 뒤, 청년은 직원들을 통해 그 회사에서 가장 마진이 좋은 품목이 화공 약품이란 것을 알아내고 화공 약품 수입을 추진했다. 당시 우리나라는 경제 발전을 하면서 기계 공구 쪽으로는 많은 발전을 이루었으나 화공 약품이나 전자 계통의 기술이 부족하여 수입에 의존하고 있었다. 전자 계통은 자금이 많이 들지만 화공 약품은 그리 큰돈이 들지 않았고, 미리 주문을 받아 판매처를 확보하고 일부 선불을 받을 수 있었기 때문에 자금이 없는 그에게 안성맞춤이었다.

마침내 그는 화공 약품을 수입하여 국내의 신발업계와 섬유업계 등에 납품하게 되었다. 사업은 성공하여 1년 만에 집을 두 채 장만하고 집안의 빚을 청산하기 시작했다.

더 큰 꿈을 이루기 위해선 학업을 포기하지 말아야

그러나 잘나가던 사업이 시대 상

황을 피하지 못하고 한순간에 쓰러지고 말았다. 납품하던 국제그룹의 신발 부문이 군사 정권에 의해 부도 처리된 것이다. 그러나 집 두 채가 남아 있었기 때문에 앞으로 일을 벌일 수 있는 종자돈은 만들어 놓은 셈이었다.

그 무렵 군 입대 영장이 나왔다. 이를 계기로 청년은 자신의 미래를 진지하게 생각해 보았고, 더 나은 미래를 위해 대학에 가야겠다고 결심했다. 청년은 그 길로 사업체를 정리하고 목욕탕에 보일러 기사로 취직했다. 아침 일찍 일어나 보일러 불을 때야 했기 때문에 자연히 자기 관리를 할 수 있었다.

목욕탕 주인집 아들도 대학에 가려고 재수를 하고 있었는데, 목욕탕 주인은 청년이 대학 입시 공부를 한다는 것을 알고는 그 주제에 대학에 가려느냐고 비웃었다. 자존심이 상한 청년은 더욱 이를 악물고 공부하여 4년 만에 대학에 입학하게 되었다. 청년은 지금까지 겪은 사회생활을 통해 무작정 일류 대학에 들어갈 것이 아니라, 우리나라에서 유일한 전문 지식을 배울 수 있는 대학을 가야겠다고 생각하고 있었다.

전문성은 늘 갖춰라

청년은 자신의 생각대로 우리나

라에서 단 하나뿐인 학과가 있는 대학을 선택했다. 국가에서 모든 것을 보조해 주는 학교였으므로 의식주는 물론이고 책값과 학비 걱정을 하지 않아도 되었다. 모든 것이 주어진 여건에서 청년은 공부만 할 수 있었다.

어떤 상황에서도 항상 목표를 세우고 이루어 온 청년은 자기가 공부하는 분야에서 전문가가 되어야 한다고 생각했다. 그러나 대학 졸업 후 그의 생각은 조금 수정되었다. 어느 특정 분야에서 전문가가 되는 것도 중요하지만, 그 분야에서 더 깊이 들어가 남들이 기피하거나 잘 하지 않는 일에서 전문가가 되어야겠다는 보다 세밀한 계획을 세운 것이다.

전문가가 많은 분야에서 일등을 계속 유지하기는 매우 힘든 일이다. 그러므로 남들이 잘 하지 않는 틈새를 찾아 전문가 중의 전문가가 되어 최고가 되겠다는 것이 청년의 생각이었다.

만나고, 배우고, 훔쳐라

사회생활을 시작한 청년은 돈 때문에 자신의 삶이 좌지우지된다는 데 불만이 있었고, 그래서 더욱 돈을 많이 벌어야겠다는 의지가 커졌다. 그는 모든 일의 초점을 돈에 두게 되었는데 지금은 그것에 대해 후회가 되기도 한단다.

그는 일단 많은 사람들을 만나려고 노력했다. 누군가를 만나면 그에게서 배울 것을 찾으려 했고, 그를 통해 또 다른 사람을 소개받아 인맥을 넓혀 갔다. 청년은 자신이 모르거나 경험하지 못한 일은 다른 사람을 통해 배우는 것이 가장 빠른 방법이라고 생각했다. 때문에 많은 사람들을 통해 다양한 지식과 산 경험을 배우는 데 주저하지 않았다. 그런 노력 끝에 그는 여러 방면에 대해 두루 알게 되었다.

세상의 모든 일은 사람의 손에 의해 계획되고 진행되어 결과로 나타난다. 이는 사람을 안다면 일이 자기 뜻대로 풀리게끔 조종할 수 있다는 말이기도 하다. 청년은 이런 이치를 잘 알고 있었기 때문에 많은 사람들을 만나 가까워지려고 노력했던 것이다.

남의 덕을 보았으면 되갚아야 또 다른 덕을 볼 수 있다

청년은 사람들을 통해 다양한 정보를 얻을 수 있었다. 이런 정보들이 모두 신뢰할 만한 것은 아니었지만, 그중에서 어떤 정보로 이득을 보았다면 그는 반드시 그 이득의 절반을 떼어 정보를 제공한 사람에게 주었다.

이는 은혜를 갚는 것이기도 하지만, 한편으로는 다음에도 또 좋은 정보를 달라는 뇌물이기도 하다.

그렇다 보니 주변 사람들은 그에게 먼저 좋은 정보를 알려 주려고 했고, 청년 또한 정보 제공자와 공생 공존한다는 생각으로 도움을 준 사람에게는 항상 보답을 했다. 그렇게 해서 그는 유익하고 믿을 만한 정보를 얻게 되었고, 그런 정보를 토대로 한 투자는 대부분 성공적인 결과를 가져와 재산을 증식시킬 수 있었다.

한 살이라도 젊었을 때 노후를 준비하라

"옷 장사가 봄옷을 팔기 위해서는 한 해 전 여름에 옷을 디자인하고, 가을에 만들고, 겨울에 팔아야 한다.", "초년에는 청년 시절을 준비했다면 청년 시절에는 중년을 준비해야 하고, 중년에는 노년을 준비해야 한다.", "노령화 시대로 접어든 지금은 사실상 중년과 노년의 경계가 무너졌다. 이러한 상황에서 조기 퇴직 등 무슨 일이 생길지 모르니 청년 시절 때부터 노년을 준비해야 한다."

그는 평소에 이러한 생각을 해 왔기 때문에 일찌감치 노년을 준비해 왔다. IMF 때 금리가 30%대로 치솟았지만 그는 결국 금리가 원상회복될 것이라고 판단하고 개인연금에 가입하기로 결심했다. 여러 보험 회사를 비교해 보고 아주 좋은 조건의 일시납으로 55세 이후부터 80세까지 매년 수억 원을 수령할 수 있는 상품에 가입했다. 물론 금리는 최저 한도를 보장해 주는 조건이었는데 지금의 금리와 비교해 보면 몇 배가 된다.

남들은 그에게 배짱이 두둑하다고 말한다. 이미 노후를 위해 확실히 준비해 두었으니 언제나 자신감 넘치고 당당한 건 당연한 일이다.

그는 30억 원이라는 목표를 세웠었고, 그 목표를 달성하자 돈을 모으는 것을 중단했다. 물론 자신의 일은 계속하고 있지만 돈을 더 모으기 위해 이리저리 머리를 쓰는 일은 그만두었다는 말이다.

남의 생애는 나에게 주어진 마지막 기회다

그는 이제 남은 생애를 어떻게 살 것인가에 대해서 고심하고 있다. 주위에서는 젊은 나이에 무슨 은퇴냐고들 하지만 그는 지금 은퇴를 준비하고 있다. 그는 은퇴 후 자신이 구상했던 전원마을에서 어린 시절을 회상하면서 지내고 싶다고 한다. 특히 자녀들에게 시골을 경험해 보게 해 주지 못한 데 아쉬움이 커서 나중에라도 시골 생활을 해 보도록 환경을 만드는 것이 소망이란다.

그는 운동을 좋아해서 은퇴한 뒤에는 친구들과 골프도 치고 여행도 다니면서 인생을 즐기고, 일은 온라인 등을 통해 심심치 않을 정도로 적당히 하고 싶다고 한다. "죽을 때까지 일하는 것도 좋겠지만, 후진을 위해서 적당한 시기에 물러날 줄도 알아야 한다. 나는 젊어서 열심히 살았기 때문에 쉴 권리가 있다." 서슴없이 이렇게 말하는 그는 그동안 벌어들인 돈을 잘 활용해서 즐겁고 유익한 여생을 보낼 것이라고 한다.

Tip

사람을 만나면 그들의 경험과 지식을 배우고 익혀라. 그리고 베풀면서 벌어라.

적도 내 사람으로 만들어라

성격은 타고난 것이 아니라 만들어지는 것이다

지난주에 우즈베키스탄으로 일주일간 출장을 다녀온 김상조 사장은 내일 중국으로 출장을 가기 위해 스케줄을 점검하고 있다. 이렇게 김 사장은 1년에 절반은 외국에서 살다시피 하며 일하고 있다.

김 사장은 경기도 안산의 평범한 농사꾼 집안에서 태어났다. 그는 어려서부터 숫기가 없어서 친구도 별로 없고 남들 눈에 잘 띄지 않는 아이였다. 말이 없고 혼자 지내기를 좋아했으며, 호기심을 갖고 새로운 일에 도전해 보는 것도 싫어했다. 그래서 대학 졸업 때까지 샌님이라는 별명을 달고 다녔다.

그러나 대기업에 취직을 하고는 달라지지 않을 수 없었다. 입사해서 처음 맡은 일이 수출 영업직으로, 외국 바이어를 우리나라에 초청하기도 하고 직접 해외로 나가 바이어를 만나기도 하는 일이라 소극적인 김 사장의 성격하고는 전혀 어울리지 않았다. 더군다나 당시는 접대를 하면서 영업을 하던 시절이라 음주가무에 젬병인 김 사장으로서는 도무지 체질에 맞지 않았다.

이런 김 사장이 바이어들을 만나 영업을 하려니 시간이 지날수록 점점 자신이 초라해지고 외톨이가 된 듯한 느낌이었다. 그러던 어느 날 입사 동기가 부서의 과장으로 승진을 했다. 그렇지 않아도 일이 힘든데, 한술 더 떠서 입사 동기인 과장이 김 사장 일을 시시콜콜 간섭하자 김 사장도 견디기가 힘들었다. 회사를 그만둘까 하는 생각도 해 보았지만 딸린 처자식이 있어서 쉽게 그러지도 못했다. 그렇게 고민을 하던 중 그는 우연히 어떤 강의를 듣게 되었다.

마음먹은 그 순간이 바로 새로운 시작이다

'잘난 척, 있는 척, 아는 척하는 사람을 인정하고 친구로 삼아라' 라는 제목의 강연이었다. 그 강연의 내용은 이런 것이었다.

친구 둘이서 관광버스를 타고 모르는 사람들과 함께 여행을 하고 있었다. 그들은 얼마 전에 바꾼 자동차 이야기를 했다.

"이번에 바꾼 벤츠 말이야, 마누라가 타는 볼보만 못한 거 같아."

"그래? 나는 벤츠 좋던데. 우리 집사람이 타는 BMW 그것도 괜찮은 거 같고."

이런 대화가 오고 갈 때, 옆자리에는 티코를 타고 다니는 사람이 앉아 있었다. 그는 외제 차 얘기를 하는 두 사람이 영 못마땅했고, 그들의 대화가 돈 있다고 잘난 척하는 소리로 들렸다.

그런데 그들 뒷자리에 앉은 사람은 롤스로이스를 타고 다니는 사람이었다. 그는 두 친구가 벤츠다, 볼보다 하는 얘기를 듣고 속으로 '차에 관심이 많은가 보군.' 하고 대수롭지 않게 생각했다.

네 사람은 서로 성격이나 학력, 생활수준도 모르는 상태지만, 티코 아저씨는 두 친구를 있는 척, 잘난 척한다고 여기고 부정적으로 생각한 반면, 롤스로이스 아저씨는 두 친구에 대해 아무런 감정을 갖지도 않았고 부정적으로 보지도 않았다.

그런데 만약 두 친구가 버스 기사에게 갑자기 볼일이 급하니 잠깐 차를 세워 달라고 부탁했다고 치자. 그때 티코 아저씨와 롤스로이스 아저씨는 다른 반응을 보일 것이다. 우선 티코 아저씨는 "기사 양반, 바쁘니 빨리 갑시다."라며 두 친구 뜻대로 못하게 훼방을 놓고, 롤스로이스 아저씨는 차를 세우든 말든 상관없다는 식일 것이다.

티코 아저씨가 잘 알지 못하는 두 친구에 대해서 왜 이리 부정적인 인상을 갖게 되었을까? 답은 하나, 자신이 그 사람들보다 못나 가진 게 없다고 느끼기 때문이다. 만약 자기도 외제차를 가지고 있다면 두 친구의 대화에 끼어들어 같이 맞장구를 치며 얘기를 나누다 친구가 되었을지도 모른다.

결국 누군가가 잘난 척한다고 느낀다면 내가 못난 것이 되고, 있는 척한다고 느낀다면 내가 가진 게 없는 것이 되며, 아는 척한다고 느낀다면 내가 모르는 것이 많은 것이 되는 것이다. 그러므로 잘난 사람, 많이 가진 사람, 유식한 사람을 있는 그대로 인정할 줄 알아야 내 마음이 편해지고, 스스로 나아지기 위해 노력하게 된다.

이런 내용의 강의를 듣고 김 사장은 마음에 큰 동요를 일으켰다. 열심히 일해서 빨리 승진한 동료를 인정하지 않았던 자신의 생각을 바꾸고, 자기 또한 소극적인 모습에서 벗어나야겠다고 결심하게 된 것이다. 이렇게 마음먹자 김 사장의 삶이 달라지기 시작했고, 김 사장을 대하는 세상도 달라지기 시작했다.

사람이 돈이고 힘이고 정보다

김 사장은 자신과 회사에 이익을 가져다주는 외국 바이어에게 정성을 다하고, 하청을 받아 일하는 업체 사람들을 대할 때도 겸손하게 행동했다. 상사나 동료 및 부하 직원들을 대할 때도 그들을 있는 그대로 인정하고 받아들였다. 그렇게 하다 보니 바이어도 친구와 같은 관계가 되고 하청 업자와도 끈끈한 정을 나누게 되어 즐거운 마음으로 일하게 되었다.

그러던 어느 날 친하게 지내던 바이어한테 연락이 왔다. "내가 독립을 해서 회사를 차릴 예정인데, 당신 회사 제품을 수입하고 싶습니다. 그러니 나와 손을 잡고 일해 보는 건 어떻겠소?" 김 사장은 고민을 하다가 하청업체 사장을 만나 의논을 해 보고 승산이 있다고 판단하게 되었다. 그는 결국 다니던 회사를 그만두고 무역 회사를 차리게 되었다.

김 사장은 그 이후로 15년 가까이 회사를 운영하고 있으며, 그동안 벌어들인 돈으로 작은 빌딩 하나를 마련하고도 50억 정도의 현금을 보유하게 되었다. 김 사장은 지금도 소극적이고 매사에 불평이 많았던 자신을 바꾸어 놓은 그때의 강연을 잊지 못하고 있다. 그래서 성공하고자 하는 사람들에게 강연 내용을 들려주곤 한다.

세상은 사람이 만들어 간다

만약 당신이 아파트 분양에 당첨되어 3시까지 은행에 계약금을 입금해야 한다고 가정해 보자. 계약금을 입금하려고 2시경에 은행에 갔는데 사람이 너무 많아서 최소한 2시간은 기다려야 될 것 같았다. 그런데 그날 3시에는 평소 관심을 두고 있던 부동산 경매가 열리기로 되어 있어 그 경매에 응찰하기 위해 계약금도 준비해 둔 상태다. 낙찰만 된다면 많은 이익이 볼 수 있을 것으로 예상되는 물건이다.

당초 계획은 은행에 계약금을 입금하고 바로 경매장으로 달려가는 것이었다. 그러나 은행에 사람이 너무 많아 도저히 계획대로 할 수가 없어서 하나를 포기해야 할 상황이다. 어느 쪽을 포기할 것인가 고민하고 있는데, 평소 알고 지내던 사람을 만나게 되었다. 반가운 마음에 그에게 사정을 설명하고 대신 계약금을 내 달라고 부탁한 다음 황급히 경매장으로 달려갔다. 다행히 제시간에 응찰하여 원하던 물건을 낙찰받게 되었다.

극단적인 예이지만, 만약 은행에서 아는 사람을 만나지 못했다면 아파트나 경매 물건 중 하나는 포기할 수밖에 없었을 것이고, 그렇게 되면 돈을 벌 수 있는 하나의 기회를 놓쳤을 것이다. 이렇듯 사람은 돈이 될 수도 있고 힘이 될 수 있는 것이다.

남이 인정하지 않는 사람이라도 나는 인정해 주자

정말로 잘난 사람도 많은 반면에 잘나지도 않고 많이 가지지도 못했으면서 잘난 척, 있는 척하는 사람도 많다. 예를 들어 남들에게 과시하기 위해 2,000cc 차를 2,500cc 차인 것처럼 위장하는 사람(SM 520에 SM 525V 로고를 붙이고 다니는 사람) 말이다. 이런 사람은 본성이 들통 나면 믿을 수 없는 사람으로 낙인이 찍혀서 사람들이 가까이하려고 하지 않는다.

그러나 당신이 부자가 되거나 성공하기를 바란다면 이런 사람조차 인정할 필요가 있다. 허풍쟁이는 친구가 없어서 항상 외롭기 때문에 그것을 극복하기 위해 더욱더 허세를 부리게 된다. 이런 사람이라도 그 자체로 인정해 주면서 인간관계를 유지한다면 언젠가 도움이 될 수도 있다.

비록 남들에게 인정을 받지 못하는 사람이라도 내가 인정을 해 준다면 적어도 내 적은 되지 않을 것이다. 열 명의 아군보다 한 명의 적군으로 인해 무너질 수도 있다는 것을 염두에 두고 다른 사람을 함부로 대하지 말아야 한다.

배고픈 건 참아도 배 아픈 건 못 참아

보통 사람들은 남이 잘되면 속으로 질투를 한다. 오죽하면 '사촌이 땅을 사면 배가 아프다.' 라는 속담이 있지 않은가. 그러나 진정한 부자가 되려면 이러한 마음을 잘 극복해야 한다. 다음은 부자가 된 어떤 사람의 얘기다.

공무원으로 일하면서 그는 사람이 돈이고 힘이고 정보라는 말을 몸소 실천하여 다른 사람들과의 관계를 잘 관리했고, 그 덕분에 그들로부터 많은 정보를 얻을 수 있었다. 일예로, 알고 지내던 건설 회사 사장이 “우리 회사에서 어느 지역에 대규모 아파트 사업을 하려고 하니 그 주변의 부동산을 사 두면 좋을 거예요.”라며 정보를 알려 주어 부동산을 샀다.

그런데 그는 정보를 알려 준 사람에게 어디를 얼마에 주고 샀으며, 또 얼마에 팔았다는 것을 밝혔다. 그리고 대금이 정산되면 그 사람을 찾아가 그동안의 경위와 정산 내용이 정리된 서류와 함께 이익금의 50%를 주었다.

정보를 제공한 입장에서는 그 정보로 큰돈을 벌었다면 은근히 고맙다는 인사를 기대할 수도 있다. 게다가 처음 정보를 줄 때 예상했던 것보다 이익이 훨씬 크다면 배가 아파서 다음에는 정보를 주지 않을 수도 있고, 더 나쁘게는 잘못된 정보를 흘릴 수도 있다.

따라서 정보를 제공한 사람이 배 아파 하지 않도록 이익금의 절반은 과감히 떼어 주었다. 당장은 이익금의 절반이 날아간 셈이었지만 그 뒤에 나타난 효과는 대단했다. 생각해 보라. 만약 당신이 좋은 정보를 가지고 있다면 당연히 이익금의 50%를 돌려주는 사람에게 먼저 알려 줄 것이다. 그는 이렇게 좋은 정보를 제공받고 그 정보를 활용해서 투자하여 큰돈을 벌 수 있었다.

어떤 부자는 이런 얘기를 들려주었다. 주식 투자를 하는데 어떤 작전 세력이 그에게 정보를 주면서 이익금의 20%를 달라고 했다고 가정하자. 당신은 이익금의 20%를 주는 것이 아까워서 당신 명의로 1억 원을 투자하고 작전 세력 모르게 다른 사람 명의로 2억을 투자했다. 한 번은 2억 원에 대해서 이익금을 나눠 주지 않고도 돈을 벌 수 있을지 모르지만 그다음부터는 상황이 달라진다고 그 부자는 경고한다.

작전 세력은 생각지도 않은 곳에서 투자가 들어오면 누군가 눈치 챈 것으로 알고 발을 빼면서 당신이 투자한 1억 원에 대해서만 원금을 보장해 주고 나머지는 어떻게 되든 상관하지 않는다. 그래서 결국 당신은 손해를 보게 되거나, 아니면 당신이 속임수를 썼다는 것을 상대방이 알고는 앞으로 당신에게 정보를 주지 않거나 틀린 정보를 주어 손해를 보게 할 수도 있다는 것이다.

따라서 시기나 질투의 대상이 되지 않고, 또 남이 배 아파 하지 않게 하면서 돈을 벌어야 내가 편해진다.

Tip

사람이 돈이고, 사람이 힘이고, 사람이 정보다.

호부 밑에 견자 없다

엄격한 유교 집안에서 자라다

약간 도도해 보이는 여인이 10층짜리 오피스텔 건설 현장을 지켜보고 있다. 유명한 회장은 아직 마흔이 안 된 여성 사업가다. 자신의 재산을 정확히 밝히지는 않았지만 300억은 족히 넘는다는 것이 주변 사람들의 얘기다.

유 회장은 안동 하회 마을의 풍산 유씨 가문에서 태어나 매우 엄격한 집안 분위기 속에서 자라났다. 그녀의 어머니는 전형적인 현모양처였으며, 아버지는 예의범절을 중요시 여기고 집안의 뿌리를 가르치고자 노력했다. 아버지는 옷차림을 간섭할 뿐만 아니라 통행금지 시간을 정해 두고 어길 경우 호되게 야단을 쳤기 때문에 유 회장은 하루빨리 아버지로부터 벗어날 수 있는 날만을 고대하고 있었다.

부녀지간에도 공짜는 없다

유 회장의 집안은 대대로 물려받은 토지가 있었기 때문에 유 회장은 남부럽지 않은 환경에서 어려움 없이 자랐다. 그러나 대학에 입학하자 아버지는 유 회장을 불러 앉히고 이렇게 말했다.

"이제까지 너를 키워 주었으니 앞으로는 네가 알아서 살길을 찾아라. 더 이상 부모에게 기대하지 말고, 앞으로 너에게 주는 학비와 용돈은 그냥 주는 것이 아니라 빌려 주는 것이니 나중에 돈을 벌게 되면 반드시 갚아야 한다."

유 회장은 설마 어머니도 같은 생각은 아니겠지 하는 생각에 어머니에게 용돈을 달라고 했지만 어머니도 아버지와 마찬가지였다. 한겨울 따뜻한 방에서 잠을 자다 갑자기 집 밖으로 쫓겨난 기분이었다.

유 회장은 어쩔 수 없이 할머니에게 도움을 요청했는데, 할머니는 어머니의 생활을 넌지시 알려 주며 유 회장의 요청을 거절했다. 할머니의 말씀을 듣고 보니 유 회장은 더 이상 부모님에게 손을 벌릴 수가 없었다.

어머니는 절대로 남에게 돈을 빌리지도 않고 남에게 돈도 빌려 주지도 않았다. 또한 음식을 남겨서 버리는 일이 없었으며, 일꾼에게 일을 시키더라도 먼저 앞장서서 일하고 일한 대가에 대해서는 인색하지 않았다.

유 회장은 어려서부터 어려움을 모르고 자란 탓에 당장 학비를 마련하기란 쉬운 일이 아니었다. 그녀는 할 수 없이 차용증을 쓰고 아버지에게 학비를 빌리게 되었다.

재능이 있고 잘하는 분야를 선택해야

유 회장은 돈을 벌기 위해 아르바이트를 시작했다. 그러나 이제껏 곱게만 자라 와 보통 학생들이 하는 서빙 등의 아르바이트에 적응할 수가 없었다. 고민을 하던 유 회장은 중학교 시절에 연하장과 크리스마스카드를 그려서 다른 학생들에게 팔아 용돈으로 썼던 기억을 떠올렸다. 그림을 잘 그리는 자신의 장점을 활용해야겠다고 생각하고, 그녀는 연하장 디자인 회사와 건축 설계 사무소, 의류 디자인 회사 등에 아르바이트 지원서를 냈다.

유 회장은 모피와 가죽 의류를 만드는 회사에서 디자인을 하는 아르바이트 자리를 어렵게 구했다. 그 경험을 통해 그녀는 자신의 재능을 다시 한 번 확인하고 확신을 갖게 되었다. 또한 장차 이런 계통의 사업을 하여 돈을 벌 수 있겠다는 생각을 하게 된 계기가 되었다.

모피 회사의 일은 힘들기보다는 재미있고 신이 났다. 자신의 디자인에 따라 옷이 만들어지고 또 그 옷이 팔려 나가는 것을 보면서 유 회장은 어느새 자신의 사업체를 직접 꾸려 나가고 싶다는 꿈을 키우고 있었다.

타고난 끼를 마음껏 펼쳐라

대학에 다니는 동안에도 아버지의 통제가 계속되자 유 회장은 이런 생활에서 벗어나는 길은 결혼밖에 없다고 판단하기에 이르렀다. 결국 유 회장은 자기보다 열세 살이나 많은 남자를 만나 졸업과 동시에 결혼을 하게 되었다. 그러나 결혼 생활은 생각했던 것과 달랐다. 남편의 잦은 외박과 시부모의 구박, 그리고 친정에서 돈을 가져오라는 요구에 시달리다 못해 그녀는 이혼을 결심했다.

그러나 이혼을 하는 것도 쉬운 일이 아니었다. 여러 가지 정신적인 스트레스에 시달리다 장 유착이라는 병을 얻어 응급실로 실려 간 유 회장은 중환자실에서 꼬박 1년 동안을 누워 있었다. 그런 상태에서 둘째 아이를 출산하게 되었는데 정작 산모는 아이를 출산하는지도 몰랐다.

병원에서 퇴원을 한 뒤에 계속 이혼을 요구했으나 남편은 이혼을 해 주지 않았다. 견디다 못한 유 회장은 결국 스스로 목숨을 끊기 위해 다량의 수면제를 삼켰으나 다행히 빨리 발견되어 목숨을 건졌다.

이런 난리를 치르고서야 남편과 시댁에서는 그동안 친정에서 빌려다 준 돈 10억 여원과 아이를 포기하는 조건으로 이혼에 합의해 주었다. 엄격한 유교 집안의 부모님도 이혼을 허락할 수밖에 없었다.

막상 이혼을 하고 나니 막막한 현실이 눈앞을 가로막고 있었다. 한동안 방황을 하던 그녀는 예전에 의류 회사에서 자신의 재능을 펼쳤던 것을 떠올리고, 아르바이트를 하면서 알아두었던 의류 관계 사람들을 찾아가 도움을 요청하고 창업을 준비하기 시작했다.

젊어서 고생은 사서도 한다

유 회장은 이왕 하려면 가격이 비

싼 모피를 취급하자고 마음먹고 유럽 쪽의 디자인을 알아보기 위해 6개월 동안 이탈리아 등을 돌아다녔다. 외국어도 잘 못하는 상태에서 살길은 오직 이것뿐이라는 생각으로 비행기에 몸을 실었다.

모피를 다루려면 먼저 원피를 알아야 한다고 생각한 유 회장은 가까스로 원피를 생산하는 곳을 찾아내 숙식만을 제공받는 조건으로 취직을 했다. 그곳에서 그녀는 원피를 다루는 방법과 좋은 원피 고르는 방법 등을 배웠고, 쉬는 날에는 모피 제품을 만드는 공장과 매장을 구경하면서 나름대로 사업 구상을 했다. 마침내 원피 공장 사장에게 모피 의류 사업을 하게 되면 후불을 조건으로 원자재를 공급해 준다는 약속까지 받고 우리나라로 돌아왔다.

그러나 막상 사업을 시작하려니 자금도 없고 판로도 없었다. 그래서 디자인은 집에서 직접 하고, 제품 생산은 공장에 하청을 주고, 매장을 두지 말고 백화점에 수수료 매장을 개설하자는 계획을 세웠다. 이렇게 하면 일단 2,000만 원이면 될 것 같아 아버지에게 차용증을 쓰고 돈을 마련했다.

우선 몇 가지 디자인을 완성한 다음 외상으로 수입한 모피를 가지고 시제품을 만든 유 회장은 백화점 구매 담당자를 찾아갔다. 당시만 해도 백화점에 매장을 하나 얻으려면 온갖 백을 동원해야 가능하였던 시절이었으니, 젊은 여자가 모피를 팔겠다며 매장을 달라고 했을 때 처음에는 어이없다는 반응이었다. 그러나 백화점 모피 판매 직원으로부터 시제품이 최고의 품질이라는 확인서를 받아 제출하는 등 제품의 우수성을 눈으로 확인시켜 주자 맨주먹으로 도전한 지 한 달도 못 되어 매장을 얻게 되었다.

판매 사원을 두기는 했으나 유 회장 자신이 직접 매장에 나가 손님을 상대하면서 질 좋은 제품을 적정한 가격에 판매하다 보니 하루가 다르게 매출이 늘어났다. 마침내 다른 백화점에도 매장을 오픈하게 되어 유 회장은 더욱 바빠졌다. 이 매장 저 매장을 돌아다니고, 저녁에는 새로운 제품을 디자인하고 시제품을 만드느라 하루에 서너 시간을 눈 붙이기도 힘들 지경이었다.

다품종 소량 생산으로 승부를 걸다

매출이 늘어나게 된 이유는 아주 간단했다. 우선 최상급의 모피 원단을 사용했고, 겉으로 보이지 않는 곳까지 원단을 아끼지 않았는데도 가격은 다른 브랜

드보다 저렴한 편이었다. 그리고 다품종 소량 생산으로 선택의 폭을 넓힌 것이 그 이유다.

사업에는 적정 이윤이란 것이 있다. 일반적으로 이윤을 많이 남길수록 좋을 것 같지만, 많이 남을수록 세금도 많고 백화점에 지불해야 하는 수수료도 많아 실제로 이윤이 남지 않았다. 그래서 유 회장은 거품을 빼고 적정한 가격을 책정하고, 가격에 비해 좋은 제품이라는 인상을 줄 수 있도록 고급화하는 전략을 썼다.

유명 백화점에서 판매가 잘되자 다른 백화점에서는 아무런 조건 없이 매장을 내주어 사업을 시작한 지 2년 만에 전국의 주요 백화점에 매장을 갖게 되었다. 잘 팔리는 날에는 하루에 1억 원 이상의 순이익을 남기는 일도 있을 만큼 호황을 이루어 그야말로 돈을 긁어모았다.

돈을 관리하지 못하면 술술 새나간다

유 회장이 부자가 되었다는 소문이 돌자 주변에 사람들이 모이기 시작했다. 특히 투자 정보를 알려 주겠다는 명목으로 유혹의 손길이 많았다. 투자 경험이 부족했던 유 회장은 옥석을 제대로 가리지 못하고 인간관계에 이끌려 다른 사업에 투자를 하게 되었다.

처음에는 평소 아버지처럼 따랐던 분의 소개로 생수 회사를 차렸고, 이어서 친한 선배의 소개로 제주도에 펜션 사업을 하기 위해 전원주택 신축 관련 사업을 시작했다. 그러나 동업자들은 유 회장의 돈을 이용하려는 속셈으로 유 회장을 끌어들인 것이었다.

모피 사업으로 벌어들인 돈으로 생수 회사와 전원주택 사업에 투자를 하니 잘되던 모피 사업에 차질이 생기기 시작했고, 안 되는 생수 회사와 전원주택 사업을 잘되게 하려고 온통 신경을 거기에 쏟다 보니 모피 사업 쪽의 문제가 커지기 시작했다. 급기야 백화점 측으로부터 경고를 받게 되었고, 정신 차리고 잘 해 보려고 했으나 자금난이 겹쳐 결국 세 가지 사업을 모두 접어야 했다.

위기를 기회로 활용하는 재주

사업을 정리하는 과정에서 믿었던 직원의 횡령, 동업자의 배신 등 온갖 험한 일을 겪었으나 유 회장은 재기의 의지를 불태웠다. 평소 가까이 지내던 변호사의 도움으로 법률적인 지식을 얻은 유 회장은 동업자를 상대로 변호사의 도움 없이 홀로 2년 동안 재판을 진행해 잃었던 재산을 어느 정도 되찾았다. 그 이후로 유 회장은 부동산 임대차 계약서를 직접 작성하고 내용 증명, 법원의 답변서, 각종 청구서 및 변론 관련 서류를 변호사 못지않게 처리하게 되었다.

다행히 재산을 되찾은 상태에서 IMF 사태를 맞았다. 앞으로의 경제 전망을 따져 본 유 회장은 부동산을 많이 보유한 회사를 인수하기로 결정하고 적절한 대상을 물색했다. 그러던 중 호텔이 적격이다 싶어 적당한 규모의 호텔을 싼값에 인수했다. 때마침 정부의 대북 유화 정책이 진행되어 장차 대북 관련 사업의 활성화로 수혜를 입을 지역을 찾다가 속초를 선택했다. 금강산 관광 등으로 향후 많이 상승할 것이란 생각에 그 지역의 부동산을 많이 취득했다. 유 회장은 지금 아는 사람이 급히 처분하려고 내놓은 서울의 부동산을 매입해 오피스텔 건물을 짓고 있다.

독립심 강한 아이로 키워야

유 회장은 체면을 중시하는 유서 깊은 양반 집안에서 처음으로 이혼의 흔적을 남겼고, 믿었던 사람에게 배신을 당하기도 하는 등 지금까지 힘들고 험한 길을 걸어왔다. 그녀는 여자로서 가장 행복해야 할 시기에 그런 행복을 누려 보지 못한 젊은 시절을 못내 아쉬워하고 있다. "돈이 없더라도 마음 편히 기댈 사람, 나를 돈 있는 사업가로 보지 않고 여자로 봐 주는 사람이 있었으면 좋겠다."고 그녀는 말한다.

한편으로 유 회장은 전남편으로부터 아이들의 양육권을 되찾았다. 그녀는 자신의 어린 시절이 행복하기는 했으나 험한 세상을 헤쳐 나가기에는 유약하게 자랐다고 생각했다. 그래서 아이 둘을 아무 연고도 없는 미국으로 유학을 보냈다. 규율이 엄격한 기숙사가 있는 학교를 골라 집단생활을 하면서 다른 아이들과 어울리는 법도 배우고 자신의 일은 스스로 해결할 수 있는 독립심을 키우도록 했다.

유 회장은 언제까지나 자식을 보호해 주는 우산이 되기보다 자녀가 혼자서 세상을 살아 나갈 수 있도록 힘을 키워 주는 것이 자식의 미래를 위해 부모가 해 주어야 할 일이라고 말한다.

Tip

절약이 부자의 지름길이며, 절약이 부자로 살 수 있는 길이다.

공부가 인생의 전부는 아니다

올해 35세인 고대환 사장은 약관의 나이에 밑바닥에서부터 시작해 20억 원이 넘는 자산을 모아 이른 나이에 성공했다는 말을 듣고 있다.

경상남도 김해 평야에서 농사를 짓는 농부의 아들로 태어난 고 사장은 지리적으로 부산과 인접했던 탓에 부산에서 중 · 고등학교를 다녔다. 그는 문제 학생은 아니었지만 친구들과 어울려 다니기를 좋아하고 공부를 열심히 하지 않았다.

그렇게 학창 생활을 보낸 뒤 졸업을 하고 대학에도 진학하지 않았으니 자연스럽게 냉혹한 현실과 맞닥뜨리게 되었다.

취직을 하려는 준비도 하지 않았던 터라 그야말로 백수가 된 것이다.

사람마다 어려운 상황에 대처하는 방법이 다르겠지만, 고 사장은 남들과 달리 자신이 처한 상황을 비극적으로만 보지 않았다. 적극적인 사고를 가진 그는 지금 아무것도 준비되지 않은 상황이라는 것, 그리고 조직에 얽매이기 싫어하는 독립적인 자신의 성향을 고려하여 자기 사업을 하는 쪽으로 방향을 잡았다.

자존심은 성공의 걸림돌이다

그래서 시작한 것이 조그만 분식점이었다. 비록 초라해 보여도 고 사장은 나름대로 미래에 대한 계획을 세우고 있었다. 고 사장은 막다른 상황에 처해 '분식점이나 해 볼까.' 하는 생각으로 분식점을 연 것이 아니다. 그의 창업 과정을 살펴보면 여러 모로 분석한 끝에 선택한 일이라는 것을 알 수 있다.

우선 고 사장은 부모님에게 부탁해서 어렵게 500만 원을 마련하고 분식점을 차릴 곳을 물색하기 시작했다. 그는 분식점을 주로 이용하는 수요층을 분석해 주 고객층이 되는 학생들이 다니는 길목에 자리를 잡기로 했다. 학창 시절 친구들 사이에서 인기가 높았던 분식점에도 들러 인기를 끄는 요인이 무엇인지 면밀히 살펴보았다. 그 비결이 가격과 맛, 친절함이라는 결론을 얻은 고 사장은 자신의 작은 분식점에 이를 적용하기로 했다.

그렇게 해서 차린 것이 부산 대신동의 분식점이다. 1989년 봄에 처음 문을 연 그의 분식점은 주인이 남자여서 다른 분식점에 비해 경쟁력이 떨어지기는 했지만, 오후 5시에 퇴근하는 여자 친구의 도움을 받아 가며 성실히 운영해 나갔다.

그가 생각했던 분식점의 성공 요인은 딱 들어맞았고, 학생

들과 젊은 층이 몰려들면서 꽤 많은 수익이 나기 시작했다. 같은 시기에 그의 친구들은 대학 캠퍼스에서 청춘을 보내고 있었으니 오전 11시부터 밤 12시까지 하루 중 반이 넘게 일하는 고 사장의 생활과는 천지 차이였다. 그러나 고 사장은 자기 나름의 목표를 가지고 시작한 사업이었기에 고생이라는 생각보다는 사업을 키워 나간다는 생각으로 분식점에 매달렸다.

고 사장은 특유의 긍정적인 사고와 성실함으로 분식점을 운영하여 점점 수입이 증가하였다. 질 좋은 재료를 쓰다 보니 비용이 더 들기는 했지만, 손님들에게 인기를 끌기 시작하자 창업 6개월 만에 한 달 수익이 200만 원을 넘어섰다. 웬만한 대졸 직장인 월급 못지않은 수익이었다. 그렇게 2년 4개월 동안 모은 돈이 무려 7,000만 원이었다.

고 사장은 거기에 안주하지 않고 수익금 관리와 세금 관계 등 창업과 운영에 필요한 지식과 경험을 꾸준히 쌓아 나갔다. 그러나 잘되던 사업을 접을 수밖에 없는 일이 발생했다. 입영 통지서가 날아온 것이다.

군대에서 창업을 준비하다

1991년 초에 입영 통지서를 받은

고 사장은 분식점을 정리하기로 했다. 부모님에게 맡길까 하는 생각도 해 보았지만, 운영 노하우가 없는 부모님에게 넘기기에는 걸리는 문제가 많았다. 결국 어쩔 수 없이 다른 사람에게 분식점을 팔게 되었는데, 그때 미처 몰랐던 사실을 알게 되었다. 생각지도 않게 높은 권리금이 형성되어 있었던 것이다. 고 사장은 가게 보증금 200만 원과 권리금 3,000만 원을 챙겨 500만 원의 창업 자금을 부모님에게 갚고도 1억 원을 손에 쥘 수 있었다.

고 사장은 군에 입대하기 전에 계획을 세우고 1억 원을 은행에 넣어 두었다. 2년 6개월이라는, 분식점을 운영했던 시간보다 더 긴 시간을 군대에서 보내야 했지만, 오히려 다양한 사람들을 만남으로써 사업 구상을 할 수 있는 좋은 기회이자 분식점

에만 매여 있던 생각을 더 넓힐 수 있는 시간이라고 생각했다.

그는 군 생활을 하는 동안에도 그의 머릿속에는 재대 후 무엇을 할까 하는 생각뿐이었다. 뒤돌아보면 군 생활은 다른 경험과 생각을 하게 된 기회였다고 고 사장은 말한다.

유비무환(有備無患)의 자세로

군대를 제대한 고 사장은 새롭게 창업을 하기로 했다. 그 사이 은행에 맡겨 둔 종자돈 1억 원은 1억 2,000만 원이 넘는 돈이 되어 창업하는 데 큰 어려움은 없을 것 같았다.

그가 군대에서 생각해 둔 것은 분식점을 한 단계 업그레이드한 식당이었다. 주변에 차고 넘치는 것이 식당이었지만 맛과 서비스로 승부를 한다면 성공할 수 있을 것이라고 생각했다. 창업 후보지는 직장인이 많은 부산역 인근 중앙동으로 잡았다. 그러나 1억 2,000만 원으로는 그곳에서 식당을 차리기에 부족했다. 어쩔 수 없이 여자 친구가 신용 대출을 받아 주고 부모님의 도움을 받아 6,000만 원을 빌려 식당을 개업했다.

하지만 식당은 아무래도 분식점보다 더 많은 준비가 필요했다. 고 사장은 두 달여 동안 다리품을 팔아 직접 점포를 구하고, 실력 있는 조리사와 친절한 서빙 직원을 뽑는 데도 상당한 공을 들였다.

그런데 또 다른 어려움이 있었다. 4,000~5,000원 대로 생각한 기본 가격이 인근 직장인의 점심 값으로는 다소 비쌌던 것이다. 손님이 늘지 않자 고 사장은 가격과 메뉴에 대해 연구했다. 인근 직장인들의 한 끼 식대가 3,000~4,000원이라는 점을 고려해 가격대에 비해 좋은 점심 특별 메뉴를 준비했다. 그리고 저녁 손님을 끌기 위해 마찬가지로 가격은 조금 저렴해도 질과 양, 맛을 두루 갖춘 요리를 생각해 냈다.

스물네 살의 어린 나이지만 철저하게 준비한 덕에 식당은 눈에 띄게 매출이 올랐다. 고 사장의 예상대로 경쟁 업소와 차별화된 메뉴로 손님을 끌 수 있었다. 식당의 수익은 계속 늘어 1년 6개월이 지나자 월 순수익만 800만~1,000만 원이 되었다. 이렇게 4년 동안 식당을 운영하여 고 사장이 모은 돈은 무려 4억 원이 넘었다.

노력해야만 좋은 아이템이 얻어진다

고 사장은 그동안 모은 4억 원으로 은행뿐 아니라 주식에도 투자하여 상당한 수익을 얻었다.

1995년 이후 고 사장의 자산 규모는 식당을 포함해 이미 9억 원을 넘어섰다.

더욱 자신감이 생긴 고 사장은 다른 사업체를 하나 더 만들어야겠다는 계획을 세웠다. 그러나 두 개의 식당을 혼자서 운영하기는 사실상 벅찬 일이었다. 그래서 식당처럼 일일이 신경을 쓰지 않아도 운영할 수 있는 창업 아이템이 필요했다.

새로운 아이템을 찾던 고 사장은 창업 컨설팅 강좌도 들으면서 유망한 업종을 탐색했다. 그런데 불경기를 타지 않고 관리하기에 좋은 업종이 무엇인지를 생각하던 고 사장의 머릿속에 앞으로 우리나라의 소득 수준이 높아지고 젊은 층의 소비가 꾸준히 증가할 것이라는 창업 컨설턴트의 말이 스쳐 지나갔다.

고 사장은 20대를 타깃으로 한 사업을 알아보기로 하고 유행에 앞선 젊은이들이 모이는 서울 압구정동을 돌아다니고 일본까지 가서 20대에게 인기를 끄는 것이 무엇인지 계속 찾아보았다. 이런 노력으로 생각해 낸 것이 바로 스포츠 바였다.

고 사장은 자신의 터전인 대신동으로 돌아와 스포츠 바를 창업하기로 했다. 대학이 가까워 젊은이들이 많은데다 일전에 창업해 본 경험으로 그 지역에 대해서는 속속들이 알고 있었다.

압구정동과 일본 등 여러 곳을 조사하여 스포츠 바는 입소문이 중요하다는 것을 알고 건물의 위치보다는 인테리어와 서비스, 가격에 신경을 쓰기로 했다. 학생들의 주머니 사정을 생각해 좋은 서비스에 중저가로 하려면 지출을 줄여야 했다. 그래서 장소는 임대료가 낮은 다소 외진 곳을 선택하되, 좋은 서비스와 저렴한 가격으로 승부를 걸기로 했다. 당구대 등 인테리어에 비용이 많이 들기는 했지만 장기 투자를 염두에 두고 가게를 꾸몄다. 스포츠 바를 창업하는 데는 3억 원이 넘게 들어갔다.

자산은 분산 투자하라

1996년 초 이렇게 사업체를 하나 더 늘린 고 사장은 두 군데가 모두 잘되면서 승승장구했다. 아주 젊은 시절부터 쌓아 온 경험에 철저한 준비, 저돌적으로 밀어붙이는 패기가 합쳐진 결과였다.

그러나 고 사장에게도 위기가 닥쳤다. 은행에 예금하는 대신 주식 투자를 했는데 IMF 사태로 휴지 조각이 된 것이다. 투자한 돈이 무려 4억 원이 넘었는데 한때는 수익률이 50%를 넘은 적도 있었지만 하한가를 거듭하더니 총액이 5,000만 원도 되지 않았다.

이 실패로 고 사장은 자산 관리의 중요성을 처음으로 깊이 생각해 보게 되었다. 벌어들인 돈을 주식에 모두 투자한 것이 잘못이었다. 주식으로 큰 수익을 얻을 수도 있지만 소위 '몰빵' 이 얼마나 위험한지 큰 대가를 치르고서야 깨닫게 되었다.

하지만 고 사장은 결코 좌절하지 않았다. 주변에서는 손절매를 권했지만 이미 잃을 대로 잃은 상황이라 그대로 보유하고 있기로 했다. 그래도 다행인 것은 식당과 스포츠 바가 IMF 위기 상황을 잘 극복했다는 것이다. 매출이 줄어들기는 했지만 그만큼 비용을 절감해 큰 타격은 없었다. 전화위복이랄까, 시간이 지나 주식 값도 서서히 제자리를 찾아가면서 투자금도 상당액 회수할 수 있었다.

이를 계기로 고 사장은 지금까지 주식에만 치우쳐 있던 자신의 재테크 방법을 재점검하고 저축과 채권 등 다양한 방식으로 자산 관리를 하고 있다. 이런 과정을 거쳐 고 사장의 재산은 기하급수적으로 늘어나기 시작했다.

1990년대 후반에는 10억 원이 넘었고 2000년대에 들어서는 1년마다 1~2억 원이 불어났다. 2001년에는 식당이 있던 건물이 급매물로 나와 구입하여 임대료를 줄이게 되었고 시세 차익까지 얻었다. 그해 말에는 서울의 재건축 아파트도 구입했다. 이쯤 되자 고 사장의 자산은 2004년에 20억 원 가까이 늘어났다. 일단 10억 원이 확보되자 다양하게 자산 포트폴리오를 구성하여 부동산으로 투자 영역을 넓힌 것이 크게 일조했다.

상황 판단은 빠르게

고 사장은 자신의 성공 비결을 상황을 긍정적으로 보고 철저히 준비한 탓이라고 말한다. 젊다는 것은 곧 도전 의식을 가질 수 있다는 말로 통한다. 그러나 단순한 도전 의식은 무모하며 오히려 일을 그르치는 경우도 많다. 그러나 도전 의식 없이 삶에 순응하며 살아간다면 성공의 기회를 가질 수 없을 것이다.

고 사장의 경우에, 만약 그가 고졸 출신으로 회사에 취직해서 월급을 받고 살았다면 지금처럼 성공할 수 없었을 것이다. 그의 도전 의식은 그를 지금의 위치에 올려놓은 원동력이었다.

도전 의식과 더불어 현대 사회에서 가장 중요한 것은 시의적절하게 빨리 판단을 내리는 결단력이다. 이때 정보와 지식,

기타 상황에 대한 인식 등이 판단의 기준이 되겠지만, 판단의 시기에 따라 그 결과는 천지 차이가 날 수 있다. 예를 들어 초창기에 노래방을 창업한 사람들은 많은 돈을 벌고 권리금까지 챙겼지만, 후발 주자들은 사정이 달랐다. 새로운 아이템의 가능성을 잘 판단하는 눈과 먼저 그 사업에 뛰어들 수 있다면 도전 의식이 관건이다.

새로운 일에 남들보다 먼저 뛰어드는 것은 물론 모험이다. 그러나 잘되는 사업이라고 알려진 다음에는 너나 할 것 없이 덤비게 되므로 이미 때는 늦은 셈이다. 따라서 어떤 일이든 사전에 발 빠르게 정보를 수집하고, 결정을 내리고 일을 진행할 때는 일사천리로 일을 처리해야 할 것이다.

Tip

상황을 긍정적으로 보고 철저히 준비하라. 그리고 판단을 신속하게 하라.

자신 있는 분야에 승부수를 띄워라

절대로 아버지처럼 살지 않겠다

남성주 사장의 집안은 조상 대대로 어부였다. 그러나 자신의 배를 가져 보지 못한 가난한 어부였다. 남 사장의 아버지도 할아버지와 마찬가지로 남의 배를 타고 바다에 나가 손발이 부르트도록 그물질을 했지만 가난을 면하기 어려웠다. 하지만 아버지는 배를 타는 것을 천직으로 여기고 살아왔다.

남 사장도 어렸을 때부터 그물을 손질하는 등 아버지의 일을 도왔다. 하지만 마음속으로는 자신은 절대로 아버지처럼 살지 않으리라 굳게 결심하고 있었다. 비록 어린 나이였지만 어부의 고단한 삶을 옆에서 지켜보고 힘들게 일한 것에 비해 그 대가가 작다고 느낀 것이다. 평생을 일해 온 아버지를 보아도 알 수 있듯이, 아무리 열심히 일한다 한들 생활이 더 나아지지 않았고 미래가 불투명했다.

오기가 때론 감초

지금은 영덕과 영덕 대게를 모르는 사람이 없지만, 남 사장이 태어났을 때만 해도 오지와 다름없었다. 남 사장은 공부에 취미가 없었을뿐더러 가정형편이 어려워 고등학교는 생각도 하지 않았다. 아버지 같은 어부가 되기는 싫었지만, 중학교를 졸업한 뒤 당장 할 수 있는 일이 없어서 몇 년 동안 고기 잡는 일을 할 수밖에 없었다. 그러다 열여덟 살 때 친지의 소개로 트럭 운전기사의 조수로 취직했다.

말이 취직이지 먹여 주기만 할 뿐 월급도 없었지만, 차가 귀하던 시절이라 운전을 배울 수 있다는 것만으로도 감지덕지했다. 잠은 트럭 운전석의 뒷자리에서 잤는데, 여름에는 덥고 답답해서 잠을 이룰 수 없었고 겨울에는 찢어진 군용 침낭에서 추위를 견뎌야 했다. 그래도 그는 날마다 정성을 다해 차를 닦고 운전도 열심히 배웠다.

그렇게 1년을 지내고 나서야 남 사장은 차 주인 겸 운전기사에게 인정을 받아 비로소 제대로 된 임금을 받을 수 있었다. 당시 대부분의 조수들은 6개월을 견디지 못하고 줄행랑을 치기가 일쑤였던 것이다. 그때부터 운전기사는 남 사장에게 많은 것을 가르쳐 주었다.

임금을 받게 되어 잠잘 곳을 구할 수도 있었지만, 남 사장은 받은 돈은 거의 저축하고 트럭에서 잠을 청하는 생활을 계속했다. 그리고 언젠가는 자신의 차를 갖겠다는 꿈을 키워 나갔다.

중고 트럭을 구입하다

3년을 트럭 운전기사의 조수로 일한 끝에 남 사장은 중고 덤프트럭을 살 수 있었다. 3년 동안 모은 돈으로는 어림도 없었지만, 주위 사람들을 찾아다니면 돈을 빌리고 트럭 운전기사의 도움을 받아 어렵게 자금을 마련할 수 있었다.

남 사장은 드디어 독립하여 개인 사업을 시작하게 되었다. 돈을 벌려면 자기 사업을 해야 한다고 평소에 생각해 왔던 그였기에 조금은 무리를 해서라도 도전하게 된 것이다. 일을 시작한 남 사장은 다른 차주와 달리 약속 시간을 철저히 지켰다.

언제까지 차를 대기하고 언제까지 화물을 실어다 주기로 했으면 무슨 수를 써서라도 그 시간에 꼭 맞췄다.

한번은 남 사장이 물건을 가득 싣고 부산으로 가던 중 차가 고장이 나 약속했던 시간에 물건을 전해 줄 수 없게 되었다. 생각다 못한 남 사장은 다른 화물차를 불러서 물건을 배송했다. 그렇게 하면 남 사장으로서는 손해였지만 고객과의 약속은 반드시 지킨다는 것은 그의 신조와도 같았다.

또한 남 사장은 어렵고 힘든 일을 도맡아 했다. 그런 일은 수입도 많을 뿐 아니라, 나중에 어떤 일거리가 생겼을 때 어려운 일을 나서서 해 준 자신을 먼저 떠올리고 일을 줄 것이라고 생각했기 때문이다. 역시나 성실하고 약속을 잘 지키는 남 사장에게 일을 맡기려는 사람들이 많아서 언제나 일이 넘쳐났고, 그 결과 남 사장은 돈도 꽤 벌게 되었다.

갯벌에도 진주는 있다

남 사장은 트럭을 운전하고 다니면서

주유소와 고속도로, 국도변의 휴게소를 자주 들르다 보니 그쪽에 관심을 갖게 되었다. 남 사장이 생각하기에 주유소 사장은 아주 편하게 돈을 버는 것처럼 보였다. 기름을 팔면 남는 이익이 꽤 많다는 말을 듣고 그는 언젠가 주유소를 차려야겠다는 생각을 갖게 되었다.

그런 꿈을 가지고 열심히 일하여 어느 정도 돈이 모였을 무렵, 남 사장은 포항과 영덕 사이에 도로를 포장하는 공사장에서 일을 하게 되었다. 공사장에서 나오는 흙을 가져다 버리는 일이었는데, 그는 공사하고 있는 도로가 완성되면 차들도 많이 오고 갈 테니 주유소를 하면 잘될 거라는 데 생각이 미쳤다. 평소 주유소를 꿈꿔 왔던 남 사장은 마침내 "그래, 주유소를 차려 보자."라고 결정하고 공사장 부근의 땅을 찾기 시작했다.

주유소를 하려면 1,000평 정도는 있어야 하는데 돈을 많이 들일 필요 없이 쓸모없어 보이는 땅을 싸게 사서 공사장에서 버리는 흙으로 메우면 되겠다고 생각했다. 남 사장은 공사장 부근의 바다와 인접한 거의 절벽에 가까운 땅 2,000평을 아주 싼 값에 매입했다. 말이 2,000평이지 눈에 보이는 것은 200평도 안 되었고, 나머지는 해안까지 내리뻗은 비스듬한 절벽이었다.

남 사장은 공사장에서 버리는 흙을 날라다 절벽 아래에 쏟아 부었다. 다행히 해안에 큰 바위들이 많아서 흙은 바다까지 쏟아지지 않고 쌓이고 쌓여 두 달쯤 지나자 흙이 차올라 평지가 100평 정도 더 생겼다.

그 뒤로도 계속 흙을 부어 500평이 넘는 땅을 만들었는데, 군청에서 알아차리고 문제를 삼아 더 이상 땅을 넓힐 수가 없었다. 축대를 쌓으면 1,000평 정도는 나올 것 같았지만 돈도 별로 없었고 바로 건축 허가를 내면 문제가 될 것 같기도 했다. 게다가 아직 흙이 다져지지 않아서 위험했고, 당장 오가는 차들이 많을 것 같지 않아 후일을 기약하고 열심히 일을 하며 돈을 모았다.

뭐든지 남보다 먼저 시작해야

그로부터 2년 정도 지났을 때, 남 사장은 주유소와 휴게소 허가 신청을 냈다. 그런데 허가를 받기가 어찌나 어렵던지 남 사장은 군청에 안 가 본 부서가 없고, 어떤 부서는 수십 번을 들렀다. 그도 그럴 것이 평평한 땅도 아니고 아득한 절벽 위에 별로 단단해 보이지도 않는 땅에, 그것도 주유소를 짓는다고 하니 허가가 떨어질 리가 없었다.

그러나 남 사장은 한다면 하는 성격이었다. 직접 발로 뛰며 하나하나 문제를 해결해 나갔고, 그래도 안 되면 끈질기게 쫓아다니며 무릎을 꿇다시피 매달렸다. 그렇게 여섯 달을 공을 들인 끝에 마침내 허가를 얻어 냈다.

그러나 또 다른 난관에 부딪히고 말았다. 예상보다 공사가 어려웠다. 해안가에 축대를 쌓는 것이 허용되지 않았기 때문에 비스듬한 절벽 중간에 축대를 쌓아야 했는데 그것은 상당히 어려운 작업이었다. 게다가 높은 곳에서 흘러 내려오는 흙의 무게를 견딜 수 있을지도 걱정이었다.

어렵게 축대를 완성한 뒤에 흙을 더 채워 넣어 평평한 땅 1,000평을 만들고, 그 위에 휴게소와 주유소를 지었다. 그렇게 1년 넘게 고생하여 주유소를 열었을 때의 감격을 남 사장은 지금도 잊을 수 없다. 트럭 운전을 하지 않고 아버지를 따라 어부로 남았더라면 과연 이 정도의 성공을 이룰 수 있었을까 하는 생각도 들었다.

그 뒤로도 옆에 조금씩 축대를 쌓아 면적이 약 1,500평이 되었고, 주유소와 휴게소는 트럭을 몰아서 버는 수입과는 비교도 되지 않을 정도로 장사가 잘되었다. 공사를 할 때는 그만큼 힘들었지만, 바닷가 절벽 위에 위치하고 있어 탁 트인 바다를 볼 수 있다는 것이 큰 장점이 되었다.

체인점을 하면 원가가 적게 들고 수입이 증가한다

주유소와 휴게소로 돈을 벌게 되자 자산 규모가 커지기 시작했다. 그런데 정유 회사들이 자사 기름을 더 많이 판매하기 위해 수개월 동안의 판매 물량에 대해 대금을 나중에 받는 것이 주유소 업계의 관행이었는데, 보통 주유소 사장이라면 이 돈을 은행에 넣어 두고 이자를 받는 데 만족했겠지만 남 사장의 생각은 달랐다.

우선 자신이 정유 회사로부터 외상으로 사 올 수 있는 물량을 계산했다. 그러자 땅을 더 매입하여 주유소와 휴게소를 더 차릴 수 있다는 계산이 나왔다. 남 사장은 즉시 여러 군데의 땅을 보고 주유소와 휴게소를 개업했다.

이렇게 되자 남 사장은 정유 회사의 큰 고객이 되어 다른 곳보다 더 싼 가격으로 기름을 공급받을 뿐만 아니라 여러 가지 혜택을 얻을 수 있었다. 특히 다른 주유소보다 외상 대금을 3개월 더 늦게 갚도록 해 자금 여력이 생기고 수익이 극대화되었다. 이렇게 해서 차린 주유소는 9개나 되었다.

시류의 흐름을 파악하라

9개의 주유소와 휴게소에서 벌어들이는 수입도 대단했지만, 허름한 땅을 사서 쓸모 있는 땅으로 만들어 주유소와 휴게소를 지음으로써 부동산 값도 엄청나게 올랐다. 그렇게 가꾼 땅들은 적게는 5배에서 많게는 20배까지 올라 남 사장은 부자의 반열에 오르게 되었다. 게다가 이 땅들은 남 사장 자신의 돈으로 매입한 것이 아니라 정유 회사에 지급해야 할 외상 대금을 이용한 것이었다.

일이 술술 잘 풀렸지만 남 사장은 여기에 만족하지 않고 새로운 사업을 구상하고 있었다. 남 사장의 머릿속에는 어느 경제인이 한 말이 또렷이 각인되어 있었다. "사업가는 시대의 흐름을 읽지 못하면 30년 내에 망한다."

'주유소가 언제까지 잘되란 법도 없고, 더 좋은 주유소가 생기면 매출이 떨어질 거야.' 라고 생각한 남 사장은 주유소가 아닌 다른 사업을 해 보려고 이리저리 알아보았다. 그러던 어느 날, 주유소의 창문을 통해 지나가는 차들을 바라보다 요즘은 사람들이 승합차를 많이 선호한다는 것을 깨달았다. 여기서 남 사장은 앞으로는 가스 충전소가 돈이 될 것이라고 판단하고 가스 충전소에 대해서 알아보기 시작했다.

자신의 능력 범위 내에서 사업을 확장하라

가스 충전소에 대해서 알아본 남 사장은 빨리 허가를 받는 사람이 유리한 위치에서 돈을 벌 수 있을 것이라고 판단하고 일을 서둘렀다. 그래서 주유소를 근저당으로 하여 은행에서 돈을 빌려 충전소를 차리려고 했다.

그런데 자신은 전문적인 경영인이 못 되고, 지금 관리하는 주유소만으로도 정신이 없는데 여기에 충전소를 더 차리면 도저히 자신의 능력으로는 감당하기 어려워질 것이라는 판단이 섰다. 그래서 값이 많이 오른 주유소와 휴게소를 과감하게 정리하기로 마음먹었다.

남 사장은 자신이 운영하는 주유소 가운데 가장 영업이 잘되는 다섯 곳을 골라 좋은 조건으로 팔고, 새로운 땅 다섯 곳에 가스 충전소를 차렸다. 주유소를 정리한 뒤 통장에 찍힌 천문학적인 액수를 보고 그는 정말 부자가 되었다는 것을 실감할 수 있었다. 남 사장은 그 돈을 전문 자산 관리사에게 맡기고 자신은 이제 사업에만 신경을 쓰고 있다.

Tip

자신을 통제하지 못하는 사람은 결코 성공할 수 없다.

Part 4

항상 준비한 자가 성공하기 마련이다

하고자 하는 의지를 가지고
열심히 살며, 항상 할 수 있다
는 생각을 머리에 깊이 새겨
자신에게 채찍과
당근으로 써야한다.

절약하는 것이 돈 버는 것보다 쉽다

진절머리 나는 가난, 난 꼭 성공할 거야

1949년 충북 보은에서 5남매 중 장남으로 태어난 김태호 사장. 김 사장이 중학교에 입학하고 며칠 뒤, 평소에 술과 담배를 좋아했던 그의 아버지는 간암과 폐암으로 가족들을 남겨 두고 세상을 떠났다. 그 후, 그의 어머니는 5남매를 먹여 살리기 위해 안 해본 일이 없을 정도로 고생을 했다. 그러나 어머니 혼자의 힘으로는 도저히 5남매를 먹이고 가르칠 수가 없었다.

그래서 장남인 김 사장은 학교를 다니면서 새벽에는 신문을 돌리고, 학교 수업이 끝난 뒤에는 건설 공사장에서 벽돌을 나르거나, 야간 경비를 하거나, 회사 화장실 청소 등의 일을 하여 가족의 생활비에 보탰다. 그의 누나도 공장에서 일하면서 짬을 내 작은 회사의 사환 일까지 했다. 그렇게 어머니와 누나, 김 사장은 먹고 살기 위해 힘든 일을 마다하지 않았다. 가난에서 벗어나기 위해 발버둥을 쳐도 추위와 배고픔에 시달리기는 마찬가지였다. 점심 도시락을 싸가지 못해 점심을 굶기가 일쑤였다.

그러나 누나가 고등학교를 졸업한 뒤 지금은 없어진 상업은행에 들어가 돈을 벌게 되었고, 김 사장은 누나의 도움과 자신이 틈틈이 벌어둔 돈으로 대학에 입학할 수 있었다. 대학생이 된 김 사장은 과외, 청소, 음식점 배달 등 물불을 가리지 않고 학비를 벌었다. 하지만 아무리 애써도 학비를 전부 마련할 수는 없었을뿐더러, 우선 집안 식구들의 생계비와 동생들의 학비를 충당해야 했기 때문에 김 사장은 결국 학교를 휴학했다.

결국 김 사장은 자신의 학업을 포기한 채 '식구들 중 누구 하나라도 성공해야 한다'는 마음으로 돈을 벌어 동생들을 모두 대학에 보냈다. 동생들이 모두 대학을 졸업한 뒤에야 김 사장도 대학에 복학하여 뒤늦게 졸업할 수 있었다.

배우자를 잘 만나야 성공할 수 있다

김 사장은 자신의 일을 뒤로하고 동생들을 보살피다 늦게 대학을 졸업했지만, 해내겠다는 강한 집념과 가난을 극복했던 노력이 주위 사람들의 눈에 띄어 졸업하자마자 바로 진양화학이라는 회사에 취직을 하게 되었다. 비로소 정규직으로 안정적인 수입이 생기는 일을 하게 된 것이다.

갓 입사한 김 사장은 영업부에서 일하게 되었는데 거래처 중 하나가 대우그룹이었다. 김 사장은 일주일에도 서너 번 대우에 들렀는데, 그곳에서 한눈에 보아도 야무지고 성실해 보이는 여직원을 만나 적극적으로 프러포즈하여 3년의 연애 끝에 결혼을 하였다.

김 사장의 부인은 내조를 잘하는 그야말로 억순이, 짠순이였다. 집안 대소사는 물론이고 남들에게 하는 인사치레도 잘 챙기고 김 사장 주변 사람들도 소홀히 대접하지 않아 김 사장은 일에만 전념할 수 있었다. 집안일을 아내에게 맡기고 바깥일에만 신경을 쓰니 일이 더 잘 풀렸다. 김 사장은 월급도 모두 아내에게 주어 돈 관리를 맡기고 자신은 용돈을 받아서 썼다.

김 사장의 부인은 김 사장이 힘들어할 때 곁에서 그의 얘기를 들어주면서 상담해 주는 역할을 하였다. 그녀는 되도록 긍정적인 말만 하고 그에게 힘이 될 수 있는 얘기와 칭찬을 해 주었다. 김 사장은 그런 아내가 너무도 고마웠고, 든든하고 힘이 되었다. 그렇게 자신을 믿어 주는 지원군을 얻은 그는 언제나 자신감이 넘쳤고 무서울 것이 없었다.

주사위는 과감히 던져라

김 사장은 결혼한 뒤 영업부 과장, 차장, 부장으로 승진을 거듭하면서 승승장구했다. 가정을 잘 꾸려 나가고 열심히 노력하는 사람은 회사 경영진의 눈에 좋게 보일 것이고, 그래서 그는 남들보다 먼저 승진을 하게 되었다.

그런데 어느 날, 좋은 위치에서 좋은 조건으로 일하던 김 사장이 갑자기 사표를 내어 주위를 깜짝 놀라게 했다. 그러나 김 사장은 오래전부터 개인 사업을 해 보고 싶다는 꿈을 가지고 있었다. 회사에서는 그가 왜 갑자기 사직서를 내게 되었는지 의아해 하면서 그의 사직서를 몇 번이고 반려했다.

김 사장은 회사에서 자신을 필요로 하고 인정해 줄 때 회사를 떠나 회사와 관련된 일을 해 보는 것이 앞으로 더 비전이 있을 것이라고 생각했다. 회사에 그대로 남아 있으면 빨리 승진이 된 만큼 퇴직하는 시기도 더 앞당겨질 것이고, 정년이 될 때까지 남의 밑에서 일한다는 것도 마음에 내키지 않았다. 그리고 그때 가서 새롭게 사업을 시작하기에는 너무 늦은 나이일 것 같았다. 그래서 지금이 아니면 기회가 없을 것이란 생각에 절정기에 과감히 회사를 떠나기로 결정한 것이다.

물론 조건도 좋고 안정적인 직장이었기 때문에 결정을 내리기가 쉬웠던 것은 아니다. 하지만 장기적인 미래를 내다봤을 때 지금이 가장 좋은 시기라는 판단이 섰다. 회사에서 받은 퇴직금으로 김 사장은 삼성동에 작은 사무실을 내고 직원을 두 명 채용했다.

도전은 성공의 어머니

김 사장은 진양화학에 근무하는 동안 신용을 얻은 덕분에 진양화학에서 장기 외상으로 물건을 구매할 수 있었다. 즉, 물건을 외상으로 사 와서 도·소매로 팔고 매출한 대금이 회수되면 그 돈으로 물건 대금을 갚아 주는 후불 지급 형식으로 사업을 시작한 것이다. 그렇게 하니 큰 자금이 필요하지 않았고, 좋은 상품을 적기에 출하하여 납품

할 수 있는 여건을 갖추게 되어 김 사장의 사업은 나날이 성장했다.

그러나 사업이 항상 잘되기만 하는 것은 아니다. 누구나 피할 수 없었던 큰 시련, IMF가 닥쳤다. IMF 때 김 사장은 그동안 회사에서 얻은 신용을 무슨 일이 있어도 지키겠다고 마음먹었다. 그래서 거래처가 부도가 나서 대금을 회수하지 못해도 약속한 날짜에 맞춰 반드시 진양화학에 상품 대금을 결제했다. 그러자 들어오는 돈보다 나가는 돈이 더 많아졌고, 그동안 모아 두었던 돈도 바닥을 보이기 시작했다.

마침내 회사 상황이 부도가 날 정도로 어려워졌다. 당시에 딸이 고등학교 3학년이었는데, 아버지 회사가 망하면 딸이 더 힘들어질 것이라는 생각에 김 사장은 끝까지 버텨 보기로 다짐했다. 그렇게 오기로 버텨 낸 그는 간신히 회사가 부도나는 것을 막을 수 있었다.

김 사장은 그동안 신용으로 물건을 구매해 왔던 진양화학에 자신의 집을 담보로 잡히고 담보 금액의 5배가 되는 물건을 받았다. 그리고 매출처를 모두 진양화학에 알려 주고 매출처에 대한 매출 채권을 진양화학에 양도하는 서류를 만든 다음, 만약 잘못되면 김 사장 대신 채권을 회수하도록 했다. 잘못하면 김 사장 자신의 매출처를 모두 뺏길 수 있는 위험한 도박이었으나, 할 수 있는 데까지 해 보자는 생각으로 마지막 승부수를 던진 것이다.

그렇게 회사를 유지하던 중 그에게 큰 기회가 찾아왔다. 김 사장은 진양화학에서 중저가인 바닥 장식, 즉 장판이나 마루 등을 갖다가 도매에 파는 총판을 하고 있었다. 그런데 홍수가 나서 물에 잠기는 집이 많이 발생했고 장판과 마루를 바꾸려는 수요가 많았는데 경기가 어려운 만큼 중저가를 찾는 손님이 많았다.

김 사장은 직원 한 명과 함께 트럭에 장판을 가득 싣고 홍수 피해 지역을 찾아가 직접 시공을 하면서 10여 일 동안 주민들과 동고동락했다. 그런 이야기를 전해 들은 사람들은 김 사장의 장판을 쓰게 되었고, 김 사장은 일단 장판을 대주고 수금은 나중으로 미루었다. 그러자 그 지역에서는 모두 김 사장의 장판을 쓰게 되었다.

나라가 어려워도 대목을 만나는 경우가 있는데 그중 한 사람이 김 사장이었다. 그는 IMF 이듬해 여름에 발생한 홍수로 인해 재기의 발판을 마련하고 조금씩 빚을 갚아 나가, 마침내 2000년 회사의 모든 부채를 없앴다.

아직도 도전은 끝나지 않았다

반년 가까이를 수해 현장을 누비고 다닌 결과, 그는 어느 정도 꾸준한 매출을 유지하게 되었다. 그러자 김 사장은 가게를 서울로 옮겨 본격적으로 장사를 해 보기로 마음먹었다. 그는 중류층이 많고 재래시장이 가까운 약수동에 자리를 잡게 되었다.

김 사장은 고객의 발길이 많은 재래시장을 개척하기 위해 방산시장에서 소매점을 확보하기 위한 전쟁에 뛰어들었다. 그런 시장 상인들이 가끔 "무슨 배짱으로, 어떤 각오로, 철옹성 재래시장에 겁 없이 뛰어들었소?" 하고 물어보곤 한다.

지금이야 방산시장의 거래처들과 흉허물 없는 사이가 되었지만, 당시 방산시장은 거래처들이 모두 고정되어 있어서 그 사이에 비집고 들어가기가 낙타가 바늘구멍에 들어가는 것만큼 어려웠다. 상조회다 무슨 모임이다 하여 이미 끈끈한 인간관계로 뭉친 조직 속에 굴러들어온 돌인 김 사장을 상인들은 차갑게 대했다.

김 사장은 우선 시장에 나가 시장 사람들과 인간적으로 가까워지기로 했다. 장판 값을 조금 싸게 해 준다고 해서 이미 형성된 납품 구도를 바꾸기는 힘들 것이라고 생각했기 때문이다. 그래서 김 사장은 그들과 자연스런 만남을 만들어 식사도 같이 하고 술도 마시며, 시장 사람들이 놀러 갈 땐 장소 섭외를 하는 등 흥을 돋우는 일에 자처하고 나섰다.

그렇게 1년이 넘게 노력하자 서서히 시장 사람들도 김 사장에게 마음을 열기 시작했다. 시장 사람들이 김 사장을 받아들이게 되자, 김 사장은 그제야 자신의 업종을 시장 사람들에게 알려 주었다. 그렇게 해서 이미 인간적으로 친해진 시장 사장님들이 김 사장의 물건을 팔아 주게 되었다. 뿐만 아니라 다른 시장 상인들에게도 김 사장을 소개해 주어 얼마 지나지 않아 그는 방산시장을 장악하게 되었다.

성공하려면 먼저 인간관계에서 신뢰를 얻어라

김 사장의 사업 신조 중 하나는 “인간관계를 중요시하라.”이다. 그는 “물건을 판다는 것은 자기 자신을 파는 것과 마찬가지다.”라고 주장한다. 자금을 많이 갖고 있는 것도 중요하지만, 자신의 주위에 얼마나 많은 사람들이 있는지, 또한 그 사람들과 얼마나 두터운 친분 관계를 맺고 있는지가 곧 자산이라는 말이다.

그래서 그런지 김 사장은 인간관계를 위해서라면 사업 이외의 일에도 기꺼이 시간을 투자한다. 한 예를 들면, 김 사장은 평소에 아무리 작은 개인 사업이라도 사장이 자리를 지키고 있어야 직원들이 일을 더 열심히 한다고 생각했다. 그런데 시장 사람들이 골프를 치게 되어 그에게도 함께 하자고 제안을 하였다. 많은 사람들이 골프를 치고 있어서 무시하기가 힘들어진 김 사장도 1년 전부터 골프를 치기 시작했다.

요즘 그는 일을 뒷전으로 하고 골프에 깊이 빠지지 않도록 일주일에 며칠, 몇 시간을 정해 놓고 골프를 치고 있다. 김 사장은 놀이도 함께 하자며 자신을 챙겨 주는 시장 사람들이 있어서 고마울 뿐이라고 말한다.

프로는 남들보다 한 발 앞서야

김 사장은 항상 새벽 5시에 일어나 아침 기도를 1시간 하고 7시에 출근을 한다. 사장이 부지런하니 직원들도 부지런해질 수밖에 없어서 7시 30분이면 다들 출근해서 영업을 준비를 한다. 아침 8시에 진양화학에서 물건을 실은 차가 도착하고, 물건을 내리고 정리하면 9시. 이렇게 남들보다 1시간 빨리 와서 정리하고 그날을 계획한다.

김 사장은 아침에는 주문을 받고 물건을 보내는 일로 정신

없이 보낸다. 물건이 없어서 못 파는 경우도 있다. 다른 사람들 같으면 이렇게 바쁘고 물건이 부족하면 친하고 좋은 거래처의 주문에 더 신경을 쓸 텐데, 김 사장은 모든 거래처 사람들에게 똑같이 친절한 모습을 보인다. 그는 항상 고객의 입장에서 고객의 상황을 정확하게 파악하여 거기에 맞게 대처한다.

그런 김 사장을 보면 그가 지금처럼 성공하게 된 데에는 그럴 만한 이유가 있다고 수긍하게 된다. 그 이유란 별 다른 것이 아니다. 일을 정확히 처리하고, 거절해야 할 일이 있을 때에는 상대방이 기분 나쁘지 않게 하면서 진심으로 얘기하는 것이다. 그런 마음이 전해져서 많은 거래처 사람들은 김 사장을 좋아한다.

김 사장은 매일 일이 끝나면 헬스클럽에 가서 운동을 하여 체력을 키운다. 그리고 시장 사람들과 잘 어울리기 위해 요즘 유행하는 노래나 말, 패션, 드라마 등 여러 분야에 관심을 기울인다. 그래서인지 젊은 사람들에게도 인기가 많다. 사람들은 몸과 마음을 항상 젊게 유지하기 위해 김 사장을 보고 대단하다고 생각한다.

아무나 부자가 되는 것은 아니다

가난하고 순탄치 않았던 어린 시절, 사업을 시작하면서 힘겨웠던 시절, IMF 때의 부도 위기…… 다른 사람들 같았으면 자포자기했을 것 같은 시기를 김 사장은 성공하겠다는 일념으로 성실히 버텨 와 지금과 같은 위치에 서게 되었다. 김 사장은 항상 자기 자신을 강하고 좋은 사람으로 만들기 위해 애썼고, 그랬기 때문에 그에게서는 배울 점이 많다. 성실함, 부지런함, 책임감, 정확한 일처리, 열정, 도전, 끈기, 긍정적인 사고, 폭넓고 원만한 인간관계 등이 김 사장을 성공으로 이끈 요인일 것이다.

그는 살아오면서 많은 시련을 겪었지만 포기하지 않았고, 또 작은 성공에 안주하지 않고 더 높은 미래를 향해 도전해 왔다. 또한 김 사장은 사람들과의 관계에서도 성실했다. 자신에게 이득이 되는 것만을 생각하며 사람들과 관계를 맺어 온 것이 아니라, 사람들을 진정으로 위하는 마음으로 대하기 위해 노력했다. 그 사람들은 모두 김 사장에게는 큰 자산이 되었다.

김 사장은 "부자들은 돈만 많이 가진 것이 아니라 주변에 좋은 사람들도 많다. 그들은 언제나 긍정적이고 열정적이며, 진취적인 사고를 갖고 도전한다. 또한 더 발전하기 위해서 끊임 없이 노력하며 무에서 유를 창조해 낸다."고 말한다.

부자가 되려면 열정, 도전, 끈기 등도 중요하지만 인간관계가 가장 중요하다.

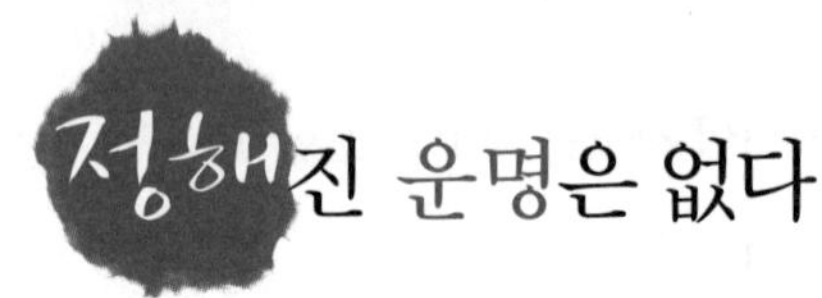

정해진 운명은 없다

뉴욕의 저녁노을을 보며 여생을 보내다

미국 뉴욕, 수영장이 딸린 넓은 정원이 내려다 보이는 2층 서재에서 안락의자에 앉아 이국의 저녁노을에 잠시 정신을 빼앗긴 황재수 사장. 그는 한국에 재산 관리인을 두고 자기 대신 자산을 운용하게 하면서 부동산 임대 수입으로 미국에서 여유를 누리며 살고 있다. 그의 연간 수입은 15억 원 정도이고, 전 재산은 100억이 조금 넘는다.

황 사장은 고등학교만 졸업하고 대학을 가지 못해서 공부를 많이 하지 못한 데 대한 미련을 많이 갖고 있다. 그래서 자식에게 만큼은 풍족한 배움의 기회를 주고 싶어 미국으로 이주

한 것이다.

황 사장은 한국에서 살 때, 돈은 있지만 지식이 부족한 자신의 처지를 한탄하면서 똑똑하고 잘난 사람을 만나고 싶어 했다. 그러나 주변에는 하나같이 보고 배울 점이 없는 친구들 뿐이었다. 그래서 그는 '맹모삼천지교' 라는 말도 있듯이 강남으로 이사를 가서 뜻있는 집단이나 성공한 사람들이 모인 단체 등에 기부금을 내면서 참여하려고 애를 썼다. 그러나 그들의 세계에 들어갈 수는 없었다.

그들에게 받아들여질 수 없다는 자신의 한계를 알게 된 황 사장은 결국 미국으로 가서 자식만이라도 잘 키우자고 생각하게 되었다. 그 길로 그는 운영하던 사업체를 정리하고 과감히 미국행 비행기에 올랐다. 한편으로 그는 그나마 배운 것 없는 자신을 지켜 주는 것이 돈이라는 생각에 전문가에게 재산을 운용하도록 맡겨 투자도 게을리 하지 않는다.

빗나간 학창 시절

황 사장은 조그만 회사의 중간 간부인 아버지와 가정주부인 어머니 밑에서 풍족하지는 않지만 큰 어려움 없이 어린 시절을 보냈다. 평범한 학생이었던 그가 나쁜 길로 들어선 것은 중학교 3학년 때 친구를 잘못 만나면서부터다.

황 사장은 친구와 어울려 다니며 술과 담배를 배우고, 지나가는 학생들에게 돈을 빼앗고 싸움을 일삼는 생활을 하게 되었다. 그렇게 지내다 보니 고등학교에 입학할 때가 되었고, 그동안 공부를 등한시하여 겨우 전수학교 비슷한 곳에 들어갔었다.

그곳에서의 생활은 말 그대로 방탕 그 자체였다. 그는 자신의 미래는 조금도 생각하지 않고 몸과 마음이 이끄는 대로 재미만 좇으며 살았다. 그렇게 엉망진창으로 학창 시절을 보내면서 그는 정신적으로도 황폐한 지경에 이르게 되었다. 그러나 학교를 졸업한 뒤에도 그는 정신을 차리지 못하고 오히려 해방의 기쁨을 만끽하며 1년 정도를 친구들과 어울려 놀기에 바빴다.

군대에서 정신을 차리다

황 사장이 그렇게 망나니짓을 하고 다닐 때, 그의 부모는 그래도 자식이라고 바른 길로 돌려놓으려고 무던히 애를 썼다. 그러나 황 사장은 그런 부모의 노력에도 아랑곳하지 않고 방탕한 생활을 계속했다. 그러던 어느 날 입대 영장이 날아왔다.

황 사장은 군대가 별거겠냐는 생각으로 입대를 했다. 그는 친구들과 몰려다닐 때 배웠던 기타 연주 실력을 인정받아 주특기로 군악대에 배치되었다. 마침 군악대에는 황 사장보다 더 거칠게 살아온 고참들도 많았고 군기도 매우 엄했다.

그곳에서 황 사장은 세상에 자기 혼자인 듯 망나니처럼 살아온 자신의 삶을 되돌아보게 되었다. 그리고 학창 시절에 대한 회한과 미래에 대한 불안을 느끼게 되었다. 제대를 한 뒤에 무엇을 할 것인지 곰곰이 생각해 보았지만, 그동안 배운 것도 없고 기술도 없는 그로서는 마땅히 할 일이 없었다. 막막한 자신의 앞날을 통감하면서 그는 군 생활 내내 자신의 지나온 삶을 뼈저리게 후회하며 보냈다.

밑바닥 인생을 전전하다

제대를 한 뒤에 무엇을 할지 생각하던 황 사장은 자신이 가진 유일한 재주인 기타 실력을 활용하기로 했다. 그는 유흥업소와 레스토랑 등에서 통기타 가수로 일해 돈을 벌기 시작했다. 그러나 유흥업소에서 일하다 보면 술 취한 손님들의 욕설을 듣기 일쑤였고, 벌이도 간신히 입에 풀칠이나 할 정도였다. 그러나 달리 할 일이 없었던 그로서는 갖은 수모와 멸시를 당하면서도 먹고살려면 그 일을 그만둘 수가 없었다.

황 사장은 좋은 시간대에 연주를 하기 위해서 업소 사장과 관리인, 심지어 '기도' 라고 하는 주먹들의 신발까지 닦아 주고 심부름을 하였다. 그러던 중 우연히 이태원에 있는 유흥업소에서 일을 하게 되었는데 이것이 황 사장의 인생을 바꾸는 계기가 되었다.

외국어도 이왕이면 튀는 나라의 말을 배우자

이태원의 유흥업소 생활은 다른 지역과 달랐다. 팝송을 많이 알아야 하고 외국어를 조금이라도 할 줄 알아야 팁을 더 받을 수 있었다. 황 사장은 먹고살기 위해 외국 노래를 익히고 외국어도 배웠는데 생각보다 영어가 그리 어렵지 않았다.

그 무렵 유흥업소에 자주 들르는 외국인 중 그를 편하게 대해 주는 사람이 있었다. 미국에 귀화한 폴란드계 사람이었는데, 가족은 미국에 두고 혼자 서울에 와 전기 기술 고문으로 일하고 있어서 달리 아는 사람도 없고 시간도 많아서 자연스레 황 사장과 자주 어울리게 되었다.

그렇게 1, 2년 동안 거의 매일 그 폴란드 사람과 만나다 보니 황 사장은 어느새 폴란드 어로 자연스럽게 대화를 할 수 있을 정도의 실력을 갖추게 되었다. 그 폴란드 친구는 폴란드 어뿐만 아니라 러시아 어도 아주 잘했다. 그 덕에 황 사장은 러시아 어도 조금 할 수 있게 되었다.

그러던 어느 날 폴란드 친구가 폴란드에 갈 일이 있는데 동행하지 않겠냐고 제의를 했다. 황 사장은 친구를 따라 폴란드에 가 보기로 했는데, 당시에는 동구권과 우리나라의 관계가 좋지 않았기 때문에 정부의 허락을 받는 데 상당한 어려움이 있었다. 그 친구의 도움으로 겨우 여권과 비자를 준비하여 폴란드를 방문할 수 있었다.

황 사장은 친구 덕분에 폴란드 친구를 많이 사귀게 되었고, 한국에 돌아온 이후에도 계속해서 편지와 전화로 연락을 주고받았다. 그때 만난 폴란드 친구 중에는 장사를 하는 사람도 있었다.

그러던 어느 날 폴란드에서 급히 만났으면 하는 연락이 왔다. 전화나 서신이 아니라 직접 만나 얘기를 해야 한다는 것이다. 그러나 폴란드의 사정으로 인해 황 사장은 그 나라에 갈 수 없었고, 처음 사귀었던 폴란드 친구가 대신 폴란드에 가서 만나 얘기를 듣고 그 내용을 황 사장에게 전해 주었다.

그 내용은 "곧 폴란드가 공산주의에서 자본주의로 변화될 것이다. 그러면 돈 있는 사람들이 특정 사업을 독점해 많은 돈을 벌 것이다. 그러니 자신들과 손잡고 폴란드에서 사업을 할 수 있도록 도와 달라. 폴란드에서 돈이 될 수 있는 사업은 의식주 사업밖에 없다. 아직 가난하기 때문에 비싼 공산품을 살 형편은 못되지만 먹고살아야 하기 때문에 의식주에는 돈을 쓸 것이다. 특히 폴란드는 날씨가 추우니 의류 관련 사업이 좋을 것 같다. 그러니 앙고라 관련 의류 제품을 준비해 달라."는 것이었다.

은마(기회)는 돌아오지 않는다

이런저런 고민을 한 끝에 황 사장은 기타를 집어던지고 폴란드 사람과 사업을 하기로 결심했다. 그러나 사업 자금도 없고 앙고라 제품을 어디서 어떻게 구해야 하는지도 몰랐다. 황 사장은 무조건 동대문시장을 찾아가 앙고라 제품을 파는 가게 주인에게 공장을 소개받았다.

공장을 찾아간 황 사장은 자신이 하려는 일에 대해 설명하고 제품을 공급해 달라고 요청했으나 단번에 거절당했다. 물품 대금을 지급할 방법이 없었기 때문이다. 그런데 주위 사람들이 "폴란드로 물건을 파는 건 수출이니 수출 금융을 활용할 수 있다. 정 안 되면 은행에서 물품 대금을 바로 공장에 지급하는 방법으로 하면 된다."고 알려 주었다.

폴란드를 비롯하여 동구권의 철의 장막이 걷히면서 물건을 팔아보겠다며 너도나도 뛰어들기 시작했다. 그러나 황 사장은 이미 2년 전부터 준비하고 수출을 시작했기 때문에 폴란드에서의 판로가 탄탄하게 마련되어 있었다. 당시 환율은 거의 고정 환율 제도여서 수입이 일정했으므로 별 걱정이 없었다.

그러던 어느 날 지금까지 앙고라 공장에서 황 사장에게 바가지를 씌우고 있었다는 사실이 밝혀졌다. 황 사장은 새로 앙고라 제품 생산 기술자를 섭외하였고, 기술자를 포함하여 세 명이 공동으로 공장을 차렸다. 당시 수출 기업에 대한 정부의 지원이 컸기 때문에 큰 어려움 없이 자금을 빌려서 공장을 지을 수 있었다.

황 사장은 폴란드에 수출하는 물건 값을 대폭으로 인하했다. 원래 가격대로 거래를 할 수도 있었지만, 지금까지 자신을 도와주고 거래해 주는 폴란드 사람들에 대한 신뢰를 저버릴 수가 없어서 자기에게 돌아오는 이익이 줄어들더라도 과감히 가격을 깎아 준 것이다. 이제 직접 생산하게 됨으로써 주문을 더 많이 받을 수 있었고, 폴란드에서도 적극적으로 황 사장의 제품 판매를 도와주었다.

돈 버는 데는 부동산이 짱

1980년대 후반 전 세계적으로 불어 닥친 동구권 붐을 타고 황 사장은 배워 둔 폴란드 어를 십분 활용해 수출업자가 되었다. 밑에 직원들을 둔 어엿한 의류 공장 사장이기도 했다.

사업이 잘 돌아가자 황 사장은 자기 자신에 대해서 생각해 보게 되었다. 나락에 떨어졌던 인생이 화려하게 꽃을 피웠다고 생각하니 자신이 정말로 꿈꿔 왔던 일을 한번 해 보고 싶어졌다. 그는 음악 관련 사업을 구상하기 시작했다.

그 당시 서울 교외에 라이브 레스토랑이 하나 둘 들어서기 시작했는데, 황 사장은 앞으로 라이브 레스토랑이 인기 있을 것이라고 예상했다. 그래서 경기도 하남에 인기 가수의 이름을 걸고 라이브 레스토랑을 개업했다.

거기에는 부동산 투자의 목적도 있었다. 전답으로 되어 있는 지목이 상가로 변경되면 부동산 값이 상당히 오를 것이라고 보고, 레스토랑 부지 외에도 더 많은 부지를 매입하여 지목 변경을 하였다. 자신이 좋아하는 음악을 들으면서 돈도 벌어들이니 그만한 행복이 없었다. 그는 이제야 자신의 길을 찾은 것 같아 기뻤다.

황 사장은 그동안 동업을 해 온 두 사람에게 앙고라 관련 사업을 아무런 조건 없이, 폴란드 바이어까지 포함하여 모두 넘겨주었다. 그리고 동구권에서 받을 채권은 2년 후에 받기로 하고 사실상 사업을 접었다.

이제 황 사장은 50억이 넘는 재산을 가진 부자가 되어 있었다. 자신이 어려웠던 시절을 생각하며 레스토랑 직원들에게 다른 가게보다 2배의 월급을 주고도 레스토랑에서 나오는 수입은 짭짤했다. 직원들도 더욱 열심히 일했으며 존경심을 갖고 황 사장을 대하였다.

베푼 만큼 복이 찾아온다

황 사장이 1년여 동안 레스토랑을 운영하는 동안 장사가 너무 잘되자 팔라는 사람이 많았다.

그런데 레스토랑 주변이 온통 유흥가로 변화하고 있어서 황 사장도 이제는 그만둘 때가 되었다는 생각이 들었다. 그는 엄청난 차익을 남기고 가게를 처분했다.

황 사장은 직원들에게 안 줘도 되는 퇴직금을 넉넉히 챙겨 주었고, 가장 아끼는 직원 한 명에게는 계속 급여를 줄 테니 자기가 부를 때까지 당분간 대기하고 있으라고 해 두었다. 그리고 그는 앞으로 무엇을 해야 할지 고민을 하면서 세계를 둘러보았다.

그즈음 우리나라는 경제 상황이 어려워져서 일거리가 없었다. 그런데 마침 동구권의 거래처에서 "한국이 어렵다는 데 잘 지내고 있습니까? 아직 지불하지 못한 물품 대금을 일시에 지급하겠습니다."라는 통보가 왔다. 돈이 부족한 상황은 아니었지만 어려운 경제 상황을 알고 대금을 보내 주겠다는 거래처의 배려가 고마웠다.

얼마 뒤 은행에 입금된 달러를 환전하려고 보니 매출 당시의 환율보다 무려 2배 이상이나 오른 환율로 환전을 할 수 있었다. 그동안 도움을 주었던 거래처라 구매 대금 지불을 연기해 주었던 덕분에 생각지도 않은 거금을 손에 쥐게 된 것이다.

인간관계의 사슬을 만들어라

만족할 만한 경제적 안정을 이루었고 아이들도 성장함에 따라 황 사장은 인생을 돈만 가지고는 살 수 없다는 것을 느끼게 되었다. 황 사장은 마음을 터놓고 지낼 수 있는 괜찮은 사람을 만나지 못했다. 그도 그럴 것이 학창 시절에는 질 나쁜 친구들을 사귀었기 때문에 그의 곁에는 괜찮은 친구가 없었고, 사회생활을 하면서도 보고 배울 만한 사람을 만나지 못했다.

황 사장이 자신이 그러지 못했기 때문에 많이 배우고 반듯하게 자란, 돈으로 성공하기보다는 자기 일에서 성공한 사람을 만나고 싶었다. 자식들이 자신이 걸어온 길을 밟지 않도록 자식들에게 자기보다 좋은 사람의 모습을 보여 주고 따르게 하고 싶었던 것이다.

우리나라 사람들은 혈연, 학연, 지연의 인간관계의 사슬로 얽히고 설켜 있다. 그러나 황 사장은 돈은 있지만 인간관계의 사슬이 부족했다. 그는 자선단체와 라이온스클럽, 로터리클럽 등에 가입하여 스스로 그 사슬에 끼기로 했다. 그러나 많이 배우지 못했다는 자격지심으로 활발히 활동할 수가 없어서 참석은 하지 않고 기부금만 내게 되었다.

사람을 믿고 일을 맡겨라

이렇듯 세상은 돈만 가지고 살 수 있는 것이 아니라고 생각한 황 사장은 자녀 교육에 많은 신경을 썼다. 그래서 좋은 학군으로 이사를 가는 등 공부하기에 좋은 교육 환경을 만들어 주는 데 온 정성을 기울였다. 그런데 아이들이 학교에서 돌아와 누구네 집은 어떻다는 등의 말을 할 때마다 자신의 과거가 새삼스레 후회스럽고 괜히 아이들에게 미안한 마음까지 들어서 더 이상 자신을 위해 아이들을 교육해서는 안 된다는 생각을 하기에 이르렀다. 결국 황 회장은 아이들을 유학 보내기로 결심하고 미국 뉴욕으로 가기로 정했다.

막상 미국으로 갈 결심을 하고 나니 자산을 누구에게 어떻게 맡겨야 할지 걱정이 되었다. 지금이야 자산관리사가 있어서 개인의 자산을 알아서 관리해 주지만, 당시만 해도 자산을 믿고 맡길 만한 곳을 찾기 어려웠다. 그때 마침 언젠가 일을 시키기 위해 급여를 주고 있던 직원이 머리에 떠올랐다. 황 사장은 그를 불러 의논을 한 뒤 그에게 자산을 맡겨 관리시키기로 하였다. 물론 안전장치는 해 두기는 하였으나, 함께 일하는 동안 그에게 갖게 된 신뢰를 바탕으로 100억 원이나 되는 큰

돈의 관리를 맡긴 것이다.

요즘 황 회장은 한 달에 한 번 팩스나 이메일로 운용 보고서를 받아 보고 궁금한 것은 전화로 확인한다. 그리고 6개월에 한 번 한국에 들러 현황을 파악한 뒤 다시 미국으로 가서 아이들의 교육에만 전념하고 있다.

황 사장은 성공하고 싶어 하는 사람들에게 간단히 이렇게 말해 준다. "인생에 기회는 세 번 온다는 말이 있지요. 성공하려면 기회가 왔다는 것을 알아채고 그 기회를 절대 놓치지 마세요." 그리고 그는 없는 사람들에게 베풀면서 살았으면 좋겠다고 덧붙인다.

Tip

인생의 기회는 세 번 온다. 그 기회를 놓치지 말라!

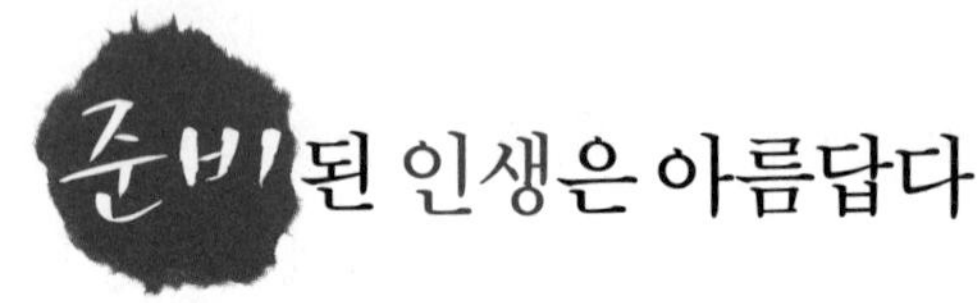

준비된 인생은 아름답다

멸치 집안과 오징어 집안

지금 우리나라는 부의 양극화가 뚜렷해지고 있다. 즉, 중간 계층보다 가난한 사람들과 부자들이 많다. 그리고 돈을 많이 가지고 있더라도 10억 대는 부자 축에 끼지도 못하고, 100억 이상은 가져야 부유층이라고 쳐줄 만큼 큰 재산을 가진 부자들이 많다. 또 돈이 많더라도 '졸부' 로 통하는 사람들도 있다.

그들은 왜 졸부라고 불릴까? 이유는 간단하다. 오징어 집안 출신의 부자이기 때문이다. 돈을 많이 가지고 있으면서도 제대로 쓸 줄을 몰라 부자 대우를 받지 못하는 것이다.

멸치 집안은 자고이래 뼈대 있는 집안의 부자라는 의미이고, 오징어 집안은 뼈대 없는 집안으로 졸지에 부자가 된 사람들을 지칭한다. 멸치 집안은 제대로 된 교육을 받아 왔기 때문에 돈을 잘 쓰고 관리하는 방법을 알고 있으며 가난해도 없는 티보다는 위풍당당함을 드러낸다. 또 부자라 하더라도 남에게 손가락질 당하지 않는 처세를 잘 알고 있고 돈을 쓸 데와 안 쓸 데를 잘 구분하니 남에게 욕먹을 일이 없다.

반면에 오징어 집안은 돈 버는 데만 혈안이 되어서 자식 교육이나 화목한 가정을 이루는 일은 뒷전이다. 이러니 돈을 잘 쓰고 관리하는 방법이야 제대로 교육받았을 리가 없다. 그래서 오징어 집안은 돈은 잘 모아 부자가 되더라도 훗날 자식들이 부모가 벌어놓은 돈을 불리기는커녕 지키지도 못하게 된다.

진정한 부자가 되려면 부자가 된 다음에 어떻게 처신해야 할지, 그리고 돈은 어떻게 관리해야 할지 교육을 받고 부자가 될 준비를 해야 한다. 그래야 돈을 제대로 쓰고 관리할 줄 알아 졸부란 소리를 듣지 않게 된다.

부자가 되기 위한 준비, 3 · 3 · 4 전법

부자가 되려면 우선 부자가 되기

위한 기초 체력을 키워야 한다. 그 기초 체력은 부자가 될 수 있다는 마음을 가지고, 자기 대에서는 부자가 되지 못하더라도 자식 대에서는 부자가 될 수 있다는 신념으로 자녀에게 부자가 되기 위한 준비 교육을 시키며, 자신의 노후를 잘 설계하는 것이다. 그래야만 3대를 못 가는 부자가 아니라 자손 대대로 이어 가는 부자로 남을 수 있다.

그렇다면 현재 자신의 수입으로 어떻게 하면 부자가 될 수 있는지, 그것을 가늠할 수 있는 토대가 되는 지출 포트폴리오를 결정하는 3 · 3 · 4 전법을 알아보자.

3 · 3 · 4 전법 중에서 맨 뒤의 숫자 4는?

월수입이 10이라고 했을 때, 한 달의 생활비는 그중 4에 해당하는 금액 안에서 해결하라는 말이다.

언젠가 필자는 1,000억 원을 가진 이북 출신 부자를 만난 적이 있다. 마침 점심시간이라서 식사를 같이 하기로 했는데 그 사람은 필자를 중국집으로 안내했다. 필자는 '제대로 된 요리를 얻어먹을 수 있겠구나' 하고 기대하며 자리에 앉았다.

그런데 그 사람은 식탁에 앉자마자 "여기는 간자장이 맛있어요.” 하고는 내게 “간자장 좋아하지요?”라고 묻는 것이었다. “무엇을 드시겠습니까?”라고 물어봤다면 다른 메뉴를 고를 여지라도 있을 텐데, 간자장을 좋아하느냐고 물어보니 다른 걸 먹겠다고 말할 수가 없었다. 그런데 더욱 기가 막힌 것은 자신은 속이 메스껍다며 음식을 주문하지 않는 것이었다. 그러면서 점원에게 “여기 짬뽕 국물 한 그릇 줄 수 있나?”라고 하는 것이었다. 식사를 마치자 그는 극구 자신이 계산하겠다며 3,000원을 내고 중국집을 나왔다.

필자는 속으로 자린고비라며 그를 욕했는데, 그가 왜 그런 행동을 했는지 나중에 알고는 절로 고개를 숙여 경의를 표하게 되었다. 그는 하루 점심 값으로 절대로 3,000원을 초과하지 않는다는 철칙을 정해 놓고 있었던 것이다. 그런 철두철미한 자기 관리, 돈 관리가 그를 부자로 만든 원동력이었던 것 같다.

그런데 자신의 수입에서 4할만을 생활비로 쓰면 좀생이가 되는 것은 아닐까 걱정이 되기도 할 것이다. 그러나 돈은 쓰는 방법에 따라 전혀 다른 결과가 나온다는 것을 알아야 한다. 또한 돈을 올바르게 쓰는 습관을 자녀들에게 가르침으로써 돈의 소중함을 일깨워 주어야 한다.

세수
양치
하루1일

요즘은 가족끼리 외식을 자주 한다. 많은 사람들을 한꺼번에 받을 수 있는, 동네마다 들어서 있는 큰 음식점들은 언제나 시끌벅적한 분위기다. 그런데 이런 외식 습관을 바꾸면 어떨까? 한 달에 한 번만 외식을 하되 왕처럼 제대로 먹어 보는 것이다. 한 달 동안 지출하던 외식비를 모아 한 달에 딱 한 번만 외식을 한다면 좋은 곳에서 밥을 먹을 수 있을 것이다.

자녀가 보는 앞에서 미리 전화로 예약을 하고, 온 가족이 좋은 옷을 차려입고 예약 시간에 맞추어 식당으로 간다. 자가용을 가지고 갈 경우에는 직접 주차하지 말고 주차 요원에게 팁을 주고 맡기는 것도 좋다. 이렇게 예약을 하면 기다릴 필요 없이 좋은 자리로 안내를 받고 좋은 서비스를 받으며 우아하게 식사를 할 수 있다.

이때 아이들은 돈이 있으면 이런 대접을 받는다는 것을 굳이 말해 주지 않아도 몸으로 느끼게 될 것이다. 그리고 돈의 위력과 중요성을 깨닫고, 돈을 벌어야겠다는 욕구와 함께 필요한 곳에 적절히 돈을 쓸 줄 아는 지혜도 갖게 될 것이다. 또한 조용히 식사하는 분위기에 익숙해진 아이들은 동네 삼겹살집을 가더라도 떠들며 돌아다니지 않으며, 좋은 것을 경험해 보았기 때문에 다른 곳에 가서도 촌티를 내지 않고 잘 적응할 수 있다. 그러나 이러한 화려한 외출도 자신의 비용 범위 내에서 해야 한다.

특히 살림을 하는 부인들에게 해 주고 싶은 말이 있다. 빠듯한 생활비를 가지고도 남편이 기 펴고 다닐 수 있게 하는 방법은 간단하다. 넥타이 하나 정도는 좋은 것으로 구입하여 와이셔츠를 말끔하게 다려 입히고 좋은 넥타이를 매 준다면 남편의 어깨가 당당하게 펴질 것이다. 매일 아침 후줄근한 차림으로 출근한다면 자신은 물론이거니와 자기가 하는 일도 별 볼 일 없게 느껴질 것이기 때문이다. 이처럼 간단한 방법으로도 남편에게 자신감을 찾아 줄 수 있다. 남편 또한 몇 년에 한 번일지라도 아내에게 명품 하나쯤은 마련해 줄 수 있어야 한다.

지인이 겪은 일인데, 그녀의 남편이 여자 시계를 하나 주워 왔단다. 그녀는 유리가 깨지고 긁힌 자국도 있어서 쓰레기통에 던져 버렸다. 다음 날 남편이 시계를 찾기에 버렸다고 하자, 남편은 동생한테라도 주겠다며 쓰레기통을 뒤져서 시계를 찾았다. 남편은 시계 유리를 갈아 끼우기 위해 시계방을 찾아갔다. 그런데 시계를 수리하는 사람이 "이거 명품 까르띠에 거네요. 350만 원은 주셨겠는데요?" 라고 하더란다. 명품이란 것을 알고 나서 지인은 그 시계를 아끼며 차고 다닌다.

아무리 좋은 물건도 그 물건의 값어치를 몰라본다면 그야말로 돼지 목에 진주 목걸이인 셈이다. 돈만 많다고 해서 하루아침에 부자가 되는 것은 아니다. 부자다운 마음가짐을 가지고 부자답게 행동해야 진정한 부자라고 할 수 있다.

3·3·4 전법 중에서 맨 앞의 숫자 3은?

옷을 만들어 파는 사업을 하는 사람은 내년에 봄옷을 팔기 위해 내년에 유행할 옷 스타일을 올해 여름부터 연구하며, 가을에는 디자인과 재단 작업을 해서 멋진 옷을 만들고, 겨울에는 옷을 팔아 봄이 되면 사람들이 입을 수 있게 한다.

인생도 이와 같다. 우리가 어려서부터 학교를 다니고 대학을 졸업할 때까지 힘들게 공부하는 이유는 좋은 직장을 잡거나 앞으로 사회생활을 하는 데 필요한 지식을 얻기 위해서이다. 그렇다면 직장 생활을 하거나 사업을 하는 사람들은 무엇을 준비해야 할까. 그것은 두말할 것도 없이 퇴직 후 맞이하게 될 노후다. 노후를 준비하는 것은 바로 지금 하고 있는 경제 활동의 최종 목표일 것이다.

지금은 과거와 달라서 나이가 들었을 때 자식들에게 기대기도 어려워졌다. 자신의 노후는 자기 스스로 책임져야 하는 시대가 된 것이다. 그래서 노후를 완벽하게 준비해 놓은 사람은 자식들 앞에서 당당하고 자신감이 넘친다.

지금 어떻게 살아가느냐에 따라서 안락한 노후가 보장될 수도 있고 비참하게 삶을 마감할 수도 있다. 따라서 3 · 3 · 4 전법에서 첫 번째 숫자 3은 자신의 수입 중 3할은 55세 이후를 위한 준비에 투자하라는 것이다.

우리 몸은 한계가 있어서 아무리 건강하다 한들 한결같이 열심히 일할 수는 없다. 성공할 때까지, 부자가 될 때까지 마냥 전력 질주할 수는 없다는 말이다. 젊었을 때 열심히 뛰었다면 나이가 들어서 여유를 가지고 쉬는 것은 열심히 뛴 것에 대한 보상이 된다. 또 그 보상이 있기에 지금 힘들더라도 열심히 노력하게 되는 것이다.

늙은 노인이 먹고살기 위해 폐지를 실은 리어카를 끌고 가는 것을 보면 사람들은 "젊어서 돈 좀 벌어 놓으시지. 그 나이에 안됐네."라거나, "저 집 자식들은 뭘 하기에 늙은 노인이 일을 하게 놔두는 건지, 원" 하고 자식을 욕한다. 그러나 늙은 노인이 여행을 다니거나 취미 생활을 하는 것을 보면 "나도 저렇게 늙고 싶군." 하며 부러워한다. 다시 한 번 강조하지만 전자의 노인이 되느냐 후자의 노인이 되느냐는 젊었을 때 어떻게 노후 설계를 했느냐에 달린 것이다.

개인연금에 가입하라

대부분의 사람들은 돈에 욕심을 부린다. 큰돈을 가지고 있는 사람도 수중의 돈이 나가는 것이 아까워 돈을 못 쓰는 경우도 있다. 그런데 만약 매달 일정액이 꼬박꼬박 통장으로 들어온다면 어떨까?

그렇다면 다음 달에 또 돈이 들어오므로 이번 달 것을 다 써 버려도 걱정이 없을 테니 마음이 아주 든든할 것이다. 노인들이 자식 눈치 보지 않고 쓸 수 있는 돈은 이런 연금일 것이다. 모아 둔 재산의 경우 부모가 써 버리는 만큼 자식들에게 돌아가지 않을 테니 자식들로서는 부모가 되도록 아껴서 많은 재산을 남겨 주기를 바랄 것이다. 그러나 연금은 월급 같은 것으로 매달 써 버린다고 해서 아깝다는 생각이 들지는 않을 것이다.

연금은 또 젊었을 적 월급 받을 때의 기분을 내기에도 좋다. 월급날이 기다려지고, 또 월급날에는 맛있는 점심이라도 사 먹거나 동료들과 술이라도 한잔하게 되지 않는가. 이런 것이 살아가는 낙이기도 하다. 공무원이라면 연금 혜택이 있으니 별도로 연금을 가입할 필요가 없을 테지만, 그 외의 사람들은 개인연금에 가입하여 든든한 노후를 준비하기 바란다.

부동산에 투자하라

우리나라의 부동산 시세 추이를 살펴보면 IMF 시절을 제외하고는 대부분 오름세를 보였다. 이는 부동산에 투자하면 장기적인 투자 수익을 얻을 수 있을 뿐만 아니라 매달 임대료를 받아 안정된 노후 생활을 누릴 수 있을 것이라는 기대 때문이다.

전문가들은 부동산에 투자하기 전에 다음의 세 가지 요건을 반드시 검토하라고 충고한다. 첫째, 환금성, 둘째, 수익성, 그리고 마지막으로 앞으로 이익을 기대할 수 있는지를 따져 보아야 한다는 것이다.

첫 번째로 환금성은 아무리 좋은 땅이라도 팔리지 않으면 현금화할 수 없기 때문에 좋은 땅이라고 할 수 없다는 것이다. 돈이 필요해서 팔고 싶을 때 바로 팔 수 있는 그런 부동산이 좋다. 두 번째로 수익성이란 투자한 부동산에서 금리 이상의 투자 수익이 나오는 것을 말한다. 그리고 세 번째는 향후에 부동산을 팔게 될 때 가격이 오를 수 있는지 여부를 말한다.

이런 조건에 맞는 부동산을 찾아 매달 자기 수입의 3할을 투자하라. 다시 말해, 모두들 부동산 투자가 돈이 된다는 것은 알고 있지만 목돈이 들어가기 때문에 선뜻 투자에 나서지 못한다. 그러나 조금만 생각을 바꾸면 큰 덩치의 부동산도 살 수 있다.

만약 월수입이 300만 원이라면 그중 30%인 90만 원을 노후를 위해 투자한다는 생각으로 3억 원짜리 부동산을 구입한다. 수중에 3억 원이 없을 테지만 대출을 받으면 부동산을 살 수 있다. 3억 원에 대한 월세는 약 300만 원 정도가 될 것이다. 여기에 월수입에서 나온 90만 원을 합하여 대출 이자를 내면, 3억 원을 상환하는 것이 그리 어렵지는 않을 것이다. 문제는 저축해도 모자랄 90만 원을 이자로 내기가 아깝다는 편협한 생각이다.

그러나 생각을 전환해야 한다. 만약 20년 뒤에 정년퇴직을 한다고 가정했을 때, 퇴직금으로 2억 원을 받아 금융 기관에 예금하고 이자를 받는다면 그 이자로 편안하게 노후를 보낼 수 있을까? 반대로 20년 전에 3억 원을 주고 부동산을 사 두었다면, 비록 20년 동안 꼬박꼬박 이자를 내 왔다고 하더라도 매년 오르는 월세를 조금씩 저축하여 대출금 중 2억 원 정도는 갚았을 것이고, 그 사이에 부동산 가격이 10억 원 정도로 올라 매달 들어오는 월세가 1,000만 원 정도는 될 것이다. 거기에 퇴직금 2억 원으로 남은 대출금 1억 원을 갚으면 남는 장사가 아니겠는가.

젊은 사람들은 노후가 아직 피부로 와 닿지 않기 때문에 그 때를 대비한 투자가 망설여질지도 모른다. 그러나 멀리 내다보고 젊었을 때부터 조금 덜 쓰고 미리 준비를 해야 한다. 그러면 노후를 편하게 지내는 것은 물론이고, 자식들에게 부동산을 물려줄 수 있는 능력 있는 부모로 남게 될 것이다. 자식들은 부모가 어떻게 부동산을 갖게 되었는지 보고 배웠을 것이고, 또 좀 더 탄탄한 토대 위에서 경제생활을 시작하게 되니 말 그대로 멸치 집안을 이루게 될 것이다.

매달 나가는 이자가 아깝다고 생각한다면 이런 투자는 하지 못한다. 그러나 먼 훗날 후손들이 잘살기를 바라는 마음으로 보험을 든다 생각한다면 지금 나가는 비용이 그렇게 아깝지는 않을 것이다.

자본의 레버리지 효과라는 말이 있다. 쉽게 말해서, 1988년에 5,000만 원을 가진 사람이 부채 없이 5,000만 원으로 45평 아파트를 구입했다고 하자. 그 집이 현재 10억 원이 되었다고 하더라도 그 사람은 결코 돈을 번 것이 아니라 단지 집 한 채를 그대로 갖고 있을 뿐이다. 그러나 만약 1988년에 대출을 받아 아파트를 다섯 채 사 두었다면 지금 50억 원이 되어 40억 원을 번 셈이 된다는 얘기다.

즉, 빚을 만들면서 투자를 하는 것도 큰 효과를 얻을 수 있다는 사실을 알아 둘 필요가 있다. 그러나 명심할 것은 자신이 부담할 수 있는 범위 내야 하고, 이자를 비용으로 생각하지 말고 부동산을 사는 데 들어가는 돈이라고 생각해야 한다는 것이다.

주식투자는 신중해야

주식 투자를 해 본 사람은 알 것이다. 주식을 사는 날부터 주식에 관련된 뉴스에 온 신경을 곤두세우며, 주가가 떨어지면 한숨이 나오고 올라가면 절로 웃음이 나오는 심정 말이다. 또 주식을 언제 팔까 고민하면서 오르내리는 주가 지수에 따라 사고팔고를 반복하다가 결국 손해를 본다.

그러나 지금 얘기하고자 하는 주식 투자는 그런 방법이 아니다. 사람과 원숭이에게 각각 1,000만 원어치의 주식을 주고

10년 뒤 얼마나 벌었나 보았더니 사람은 원금을 모두 다 까먹은 반면에 원숭이는 몇 배를 벌었단다. 그 이유는 사람은 끊임없이 사고팔았지만 원숭이는 사고팔 줄을 몰라 그냥 가지고 있어서 그동안 주식이 많이 올랐기 때문이다.

이 말에 이의를 제기하는 사람도 있을 것이다. 가지고 있다가 회사가 망하면 휴지 조각이 되지 않느냐고. 맞는 말이다. 그래서 장기 투자를 할 때는 망하지 않을 회사를 잘 골라야 하기 때문에 전문가와 상의하고 결정해야 한다.

매달 수입의 3할을 주식을 사는 데 투자하되 팔기까지의 시기를 길게 잡을 필요가 있다. 그리고 얼마까지 오르기 전에는 팔지 않겠다고 정해 놓고 오르내리는 주가에 동요되지 않아야 한다. 주가 그래프를 보면 주기적으로 파도를 타는 것처럼 보인다. 주가는 올라갔다가 내려오고 내려갔다가 다시 올라가기를 반복한다.

이때 주식이 산 가격의 2~3배가 되면 파는 것이 좋다. 그리고 그 돈을 예금해 두었다가 주가가 떨어졌을 때 다시 산다. 그러다 보면 배당금과 매매차익이 쌓여 예금하는 것보다 더 큰 수익을 얻을 수 있다. 실제로 미국에서는 15년 동안 이러한 투자법의 통계를 내 본 결과 퇴직 후에 원금의 16배가 적립된 사례도 보였다.

그러나 주식으로 당장 돈을 벌겠다고 무작정 덤벼들었다가는 낭패를 보기 십상이다. 그만큼 공부도 많이 해야 하는 분야다. 하지만 지금 같은 세상에 주식을 너무 모른다는 것도 조금은 창피한 일이 아니겠는가.

3 · 3 · 4 전법 중에서 두 번째 숫자 3은?

이제까지 현재의 생활을 위한 4할의 지출과 노후를 위한 3할의 지출에 대해서 알아보았다. 그럼 나머지 3할은 무엇을 위해 사용해야 할까?

사람이 살다 보면 생각지도 않은 일이 발생하여 예기치 않게 돈을 써야 할 일이 생기기도 한다. 따라서 그럴 때를 대비해 돈을 준비해 두어야 한다.

짧게는 1년에서 길게는 3년으로 계획을 잡고 나머지 3할은 적금을 들어 놓아라. 일반적으로 적금을 부을 때 5년 혹은 10년짜리 장기 계획을 세우는 경우가 많은데 지금 시대는 돌아가는 경제 사이클이 빨라서 3년 이상 장기 적금은 경제의 흐름을 따라가지 못해 손해를 보게 될 가능성이 크다. 그러므로 가급적이면 1년 단위로 적금을 붓는 것이 좋다.

또한 가장 이율이 높은 곳을 택하되 우선적으로 고려해야 할 것은 안전성 확보라는 점을 명심해야 한다. 한 번 계획을 잘못 세우면 1년을 손해 보게 되므로 원금이 확실하게 보장되는 상품과 금융 기관을 선택하는 것이 가장 중요하다.

Tip

오늘을 헛되이 보내지 말고 철저하게 자신을 관리하라!

성공은 성적순이 아니잖아요!

간신히 초등학교를 졸업하다

쇼윈도 너머로 근사한 가죽 옷을 입고 있는 마네킹 옆에서 일본어를 유창하게 구사하며 열심히 설명하고 있는 김영수 사장이 보인다. 그는 직원 60여 명을 두고 연간 150억 원의 매출을 올리는 법인체를 운영하고 있다.

김 사장의 어머니는 이북에서 결혼했으나 남편이 결혼식을 올린 지 열흘 만에 전사하는 바람에 홀로 월남해서 재혼을 했다. 김 사장은 충청도 시골에서 농사를 짓는 평범한 집안의 맏이로 밑에 동생이 넷 있었다.

그런데 김 사장이 초등학교에 입학하던 해에 아버지가 폐결

핵을 앓게 되면서 가세가 기울기 시작했다. 당시만 해도 결핵은 심한 중병으로 사망할 확률이 높았고 치료하는 데 드는 비용도 만만치 않았다. 풍족하지 않은 살림에 아버지가 몸져눕자 집안 형편은 말이 아니었다. 특히 집안의 기둥인 가장이 무너진 만큼 가족 모두 심적으로나 경제적으로 고통이 컸다.

김 사장이 초등학교를 졸업할 무렵 아버지는 결국 병을 이기지 못하고 돌아가셨고, 가족들은 뿔뿔이 흩어져 살게 되었다. 어머니가 혼자 다섯이나 되는 아이들을 건사할 방법이 없었기 때문이다.

그나마 김 사장은 초등학교를 졸업했으니 취직을 하기로 했고, 바로 밑의 여동생은 아직 초등학생이었지만 식모살이는 충분히 할 수 있는 나이라 학교를 그만두고 식모로 가게 되었다. 그리고 아직 어린 동생 셋은 어머니와 함께 어머니가 아는 분이 살고 있는 곳으로 이사를 갔다. 뿔뿔이 흩어지기 전에 재산을 정리하고 보니 남은 것은 달랑 소 한 마리뿐이었다.

고가구점 점원으로 취직하다

7만 원을 받고 소를 판 어머니는 자식들의 손에 차비만 쥐어 주고 각자의 길을 재촉했다. 김 사장은 송탄에서 미군들에게 고가구를 파는 가게의 심부름꾼으로 취직했다.

당시는 밥 먹여 주고 재워 주기만 해도 감지덕지할 정도로 어렵던 시절이었다. 김 사장은 일단 먹고사는 일이 해결되었다는 생각에 열심히 일했다. 아침 9시에 일을 시작해서 밤 10시가 되어야 가게 문을 닫았는데, 그렇다고 그때부터 마음대로 쉴 수 있는 것도 아니었다. 가게 문을 닫은 다음 청소를 하고 가구를 손질한 뒤 정리를 마치면 새벽 1~2시가 되는 것은 보통이었다.

불평불만 없이 휴일이고 밤이고 시키는 대로 일을 열심히 하는 김 사장을 보고 고가구점 주인은 "네가 스무 살이 되면 점포 하나를 떼어 줄 테니 열심히 일해라." 하고 말했다. 어린 김 사장은 그 말을 철석같이 믿고 뼈가 빠지도록 일만 했다.

그런데 주인은 어느 날 갑자기 가게를 정리하더니 미국으로 이민을 떠나 버렸다. 그동안 열심히 일했던 것이 말짱 헛고생이 되자 비로소 세상의 쓴맛을 알게 된 김 사장은 이때부터 더욱 삶의 의욕을 불태웠다.

부모 탓 하지 말라

하루아침에 일자리를 잃은 김 사장은 여기저기 일할 곳을 알아보았다. 마침 평소에 성실한 김 사장을 눈여겨보아 온 옷 공장 주인이 자신의 공장에서 일을 해 보지 않겠냐며 제의를 했다. 그는 가죽옷을 만들고, 또 소매로 팔기도 했다. 이렇게 해서 김 사장은 의류업계에 첫발을 들여놓게 되었다.

옷 공장은 생각했던 것과 달리 고가구점보다 일이 더 힘들었다. 기름칠을 하고 옷을 지고 나르는 등 막노동과 다름없었다. 그래도 김 사장은 힘든 내색하지 않고 열심히 일했다.

하루는 옷 가게에 옷을 가져다주라는 심부름을 받고 옷 가게에 들렀는데, 그곳은 김 사장의 눈에 별세계로 비쳐졌다. 근무 환경도 좋을 뿐 아니라, 점원은 깨끗한 옷을 입고 있었고 일이 힘들어 보이지도 않았다. 무엇보다도 공장에서 일하는 것보다 돈을 더 많이 벌었다.

김 사장은 나도 저렇게 할 수 있다고 스스로 다짐을 했다. 그리고 그때부터 영어를 독학하기 시작했다. 영어를 할 줄 알아야 판매직을 할 수 있다는 생각에 무작정 영어 공부를 한 것이다. 다행히 영어를 공부하기에는 좋은 환경이었다. 김 사장이 있던 옷 공장의 주된 손님이 미군이었기 때문에 상인들은 장사를 하려면 영어를 할 줄 알아야 했기 때문이다. 덕분에 김 사장은 영어를 쉽게 배울 수 있었다.

공장에서 생활한 지 1년쯤 되었을 때 물건을 팔 수 있을 정도로 영어를 할 줄 알게 되자 김 사장은 주인을 찾아가 판매사원으로 일하고 싶다고 말했다. 그는 주인의 테스트에 합격하여 꿈에 그리던 판매원으로 일하게 되었다.

가난은 절대로 후손들에게 물려주지 않겠다

조금씩 자리를 잡아 가자 김 사장은 동생들이 생각났다. 맛있는 것을 먹을 때나 어린애들 소리가 들리면 더욱 동생들 생각이 간절했다. 흩어져 지낸 지 오래지만, 그래도 장남으로서 동생들이 잘 지내고 있는지 마음에 걸렸던 것이다.

그동안 김 사장은 배운 것도 없는 촌놈으로 부모에게 물려받은 재산도 없는 자신의 처지가 한탄하며 지내 왔다. 자신의 앞날이 깜깜하다는 생각에 부모가 원망스러워졌고 동생들도 부담이 되었다. 자포자기의 심정으로 아무렇게나 막 살아 볼까 하는 생각도 여러 번 했었다.

그러나 김 사장은 스무 살이 되었을 때 자신의 마음을 추스르고, 이 모든 고통이 어차피 자신에게 주어진 것이라면 이겨내자는 오기가 생겼다. "부모는 나의 버팀목이 못 되었지만 나는 동생들의 버팀목이 되어 주어야지. 그리고 나는 절대로 내 자식들에게 가난을 물려주지 않겠어." 이 각오는 김 사장 자신과의 약속이었다.

종잣돈을 만들기 위해 이를 악물다

각오를 새롭게 다진 김 사장은 당시 박정희 대통령이 우리나라 경제를 일으킨 경제개발오개년계획을 모방하여 자신만의 오개년계획을 세웠다. 우선 1차 계획은 5년 동안 종잣돈을 모으고, 2차 계획은 서울로 올라가 더 큰 물에서 장사를 배우면서 돈을 더 모아 11년이 되는 해에 자기 가게를 차린다는 것이었다.

이런 계획을 세우고 열심히 일하고 있는데 김 사장의 생각보다 기회가 빨리 찾아왔다. 서울 이태원에서 미군과 일본인을 상대로 가죽옷을 생산 · 판매하는 업체에서 김 사장을 판매원으로 스카우트하고 싶다는 제의를 해 온 것이다. 1981년 당시 월급으로는 상당히 많은 40만 원에 숙식을 제공하고 판매

수당까지 준다니 김 사장으로서는 마다할 이유가 없었다. 그렇게 해서 이태원에 있는 '갑부사' 라는 의류점으로 옮긴 김 사장은 송탄과는 다른 분위기의 새로운 직장에 적응하면서 앞서가기 위한 판매 전략을 구상했다.

이태원의 주 고객은 해외 관광객이었다. 따라서 자기 나라로 돌아가기 전에 옷을 만들어 주어야 했기 때문에 보통 2~3일 내에 모든 작업을 마무리해야 했다. 대부분의 판매원들은 근무 시간에 관광객이 머무는 곳을 찾아가 사이즈를 재고, 가봉을 하고, 배달을 했다. 그러나 김 사장은 낮 근무 시간에는 판매를 하고 근무가 끝난 9시 이후에 관광객이 머무는 숙소를 방문하여 사이즈를 재고, 가봉을 하고, 완성품을 배달하는 방식으로 일을 했다. 그렇게 하니 낮에 허비하는 시간이 줄어들어 다른 판매원들에 비해 판매 수량이 몇 배는 되었고, 가게 주인으로부터 두터운 신망과 함께 두툼한 보너스도 받게 되었다.

김 사장은 월급을 받으면 거의 대부분을 생활비와 동생들 학비에 사용하도록 어머니에게 보내 주고 있었다. 그러나 자기만의 계획을 수립한 다음부터는 계획을 실천하기 위해 독하게 마음먹었다. 그는 어머니에게 그런 사정을 설명하고 동생들 학비를 제외한 생활비 송금을 중단했다. 물론 어머니가 힘들어진다는 것을 알고 있었기 때문에 마음이 괴로웠지만, 먼 훗날 내 가게를 갖겠다는 꿈을 이루려면 지금 당장의 고통은 참고 견뎌 내야 한다고 다짐했다. 동생들 학비와 자신의 용돈을 수입의 10% 범위에서 해결하려니 자신을 위해 용돈을 쓸 여유가 없었다.

성실은 장사 밑천이고 신의는 성공의 씨앗이다

아침 9시부터 밤 9시까지 가게에서 일하고, 그 이후에 고객 숙소를 방문하는 일까지 마치면 보통 새벽 1시에 하루가 끝났다. 그런데 이태원에서는 일본인이 주 고객이라 일본어를 배워야겠다고 생각한 김 사장은 새벽 7시에 시작하는 종로의 어학원에도 등록을 했다. 한겨울에 전날 받아 두었던 찬물로 씻고 학원으로 향하면서 새로운 각오와 배우는 즐거움으로 하루를 시작했던 기억이 그에게는 지금도 추억으로 남아 있다.

김 사장이 갑부사에서 6년 동안 판매직으로 근무하면서 주로 일본 사람들을 상대하는 동안 그들의 사고방식에 공감하게 된 것은 바로 신의와 성실이었다. 물론 우리나라도 이런 것들을 중요시하지만, 특히 일본인들은 신의를 매우 중요시 여기는 것 같았다.

김 사장은 이런 일본인들을 계속 접하면서 항상 처음과 끝이 일관되도록 노력했다. 그는 약속한 것은 철저하게 지켰고, 무슨 일이 있으면 자기 돈을 털어서라도 고객이 만족할 때까지 문제를 해결했다. 그러한 자세가 지금까지도 일본인들과 인간관계 및 사업관계를 유지할 수 있도록 해 준 비결일 것이다.

강한 의지는 태산도 움직인다

1987년, 그동안 옆에서 김 사장을 꾸준히 지켜봐 온 갑부사 주인은 김 사장에게 이렇게 말했다.

"내년에 올림픽이 열리면 많은 외국인들이 한국을 찾아올 거야. 그때 이태원도 돈을 벌게 될 게 분명해. 자네 같은 성실한 사람도 이제 돈 벌 기회를 잡아야지. 내가 가게를 하나 봐 둔 게 있는데 이젠 독립하는 게 어떻겠나?"

그런데 가지고 있던 돈을 다 모아도 2,000만 원밖에 되지 않았다. 그 돈은 가게를 얻기에 턱도 없이 모자랐다. 그러나 김 사장의 강한 의지 앞에 그런 것은 큰 문제가 되지 않았다. 그는 평소 알고 지내던 사람을 찾아갔다. 김 사장은 "자신이 있으니 한번 믿고 맡겨 보라"는 식으로 동업을 제의했는데, 평소에 김 사장을 좋게 보았던 그는 흔쾌히 승낙하여 총 7,000만 원으로 'NORTH BEACH LETHER' 라는 상호의 가게를 열게 되었다. 드디어 그토록 바라던 자기 가게를 갖게 된 것이다. 김 사장이 세웠던 계획보다 4년이나 빨랐다.

이 경험을 통해 김 사장은 배운 것이 있었다. "하고자 하는 의지를 가지고 열심히 살면 비록 조건이 완벽하게 구비되지 않더라도 주위 사람들의 도움을 얻을 수 있고, 그 도움으로 뜻을 이루게 된다. 그러니 항상 할 수 있다는 생각을 머리에 깊이 새겨 두고 어려울 때마다 다시 꺼내 자신에게 채찍과 당근으로 써야 한다."

열심히 살았다기보다 치열하게 살았다

88 올림픽을 치르면서 많은 외국인들이 우리나라를 찾아와 돈을 벌 기회가 되긴 했지만, 매출을 꾸준히 유지할 수 있었던 것은 오랫동안 찾아 주는 단골 고객들 덕이었다. 그러나 구멍가게 수준의 가게를 유지하는 데 만족할 수 없었던 김 사장은 다른 길을 모색하게 되었다.

마침내 김 사장은 독자적으로 사업을 하기 위해 독립하여

1991년부터 일본에 수출을 할 준비를 하기 시작했다. 기존의 고객들을 활용하여 일본 업체들을 소개받아 직접 디자인한 옷을 가지고 상담을 받으러 다녔다. 여름과 가을에는 한국보다 일본에서 보내는 시간이 많을 정도로 발 벗고 뛴 결과 제품을 인정받아 제값을 받고 수출하게 되었다.

이렇게 수출의 길이 열리자 그 실적을 근거로 국내 시장을 공략하기로 했다. 김 사장은 유명 백화점에 매장을 열기 위해 온갖 노력을 기울였는데, 국내 시장에 진출하는 것이 일본에 수출하는 것보다 더 어려웠다.

그러나 경쟁에서 이겨야 한다는 각오를 단단히 하고 있던 김 사장은 마침내 명동에 있는 제일백화점을 시작으로 신원패션몰, 엠비, 신세계, 현대, 롯데 등 굴지의 백화점에 차례로 입성하였다. 좋은 품질과 손해를 보더라도 끝까지 책임진다는 사후 관리로 매년 매출액은 상승하였다. 김 사장 자신은 수출에 전력을 기울였기 때문에 국내 매장은 자신을 대신해 책임질 수 있는 사람을 고용해 이원적으로 각자의 위치에서 성장의 발판을 다져 나갔다.

법인 대표이사가 되다

"옷이라는 것은 먹고사는 것과 관계가 없기 때문에 판매를 유지하기 위해서는 시각적 만족과 감각적 요인이 필요하다. 따라서 매장의 인테리어와 질 좋은 상품 개발에 많은 투자를 해야 한다."

"옷이란 브랜드와 구매 장소도 중요한 요인이므로 백화점 같은 곳에서 판매하는 것이 좋다."

이렇게 소비자의 심리를 파악하여 운영에 도입하다 보니 매출액이 80억 원을 넘어섰다. 규모가 커지자 도저히 개인 사업으로는 감당하기 어렵다고 판단한 김 사장은 주식회사를 설립하고 대표이사로 취임했다. 꿈만 같은 일이 현실로 일어난 것이다.

모두가 어려움을 겪었던 IMF 시절에 김 사장은 오히려 돈을 많이 벌었다. 일본을 상대로 수출을 했기 때문에 가격은 그대로인데 환율이 높아 이익이 많아진 것이다.

이제는 자신이 없어도 회사가 잘 돌아갈 만큼 운영 시스템이 완벽하게 갖춰졌다고 판단한 김 사장은 앞으로 조금만 더 벌어 사회와 직원들을 위해 쓰겠다고 공언했다.

지금의 나를 만들어 준 것은 가족이다

김 사장은 45세가 되면 은퇴할 생각이다. 그 시기가 바로 눈앞에 와 있는 지금, 김 사장은 지금까지 했던 일과는 다른 새로운 일을 해 보고 싶다고 한다. 은퇴한 뒤 가족들과 많은 시간을 보낼 계획이란다.

김 사장은 가족이 지금의 자신을 만들어 주었다고 말한다. 특히 아이들은 자신의 어렵고 암담했던 과거를 떠올리게 해서, 내 아이들에게는 그런 경험을 시키지 않겠다는 각오를 단단히 하게 해 주었다.

또한 김 사장은 그동안 자신이 일에 전념할 수 있도록 내조를 해 준 아내에게 보답하는 마음으로 3층짜리 건물에 서양 음식점을 차려 주었다. 늘 가족을 먼저 생각하고 자신을 희생했으니 이제 아내도 바깥일을 하면서 새로운 자신의 가치를 찾으라는 바람으로 주는 선물인 셈이었다.

Tip

성실은 성공의 밑천이고 신의는 성공의 씨앗이다.

하늘은 스스로 돕는 자를 돕는다

사람을 끌리게 하는 마술

김다복. 내가 그녀의 지난날에 대한 이야기를 듣게 된 것은 아주 우연한 기회였다.

하루는 그녀가 헐레벌떡 회사로 나를 찾아왔다. 마침 나를 찾아오는 길에 교통사고가 났는데 가해 차량의 운전자에게서 술 냄새가 난다며 도와 달라는 것이었다. 황급히 가 보니 그녀의 일곱 살짜리 딸(딸이 있다는 사실은 그때 알았다)이 겁에 질린 채 두 손으로 귀를 막고 길가에 앉아 있었다.

사고의 내막은 신호등에 서 있던 김다복 씨와 딸 뒤로 후진 차량이 달려온 것이었다. 다행히 김다복 씨는 괜찮았으나 딸이 차에 치어 넘어졌다. 나는 일단 경찰에 신고를 하고 딸을 병원으로 옮겼다. 겉으로 보이는 상처는 없었지만 자꾸 손을 귀에 가져가는 것으로 보아 귀에 이상이 있는 듯했다. 나는 자리를 뜰 수가 없어서 얼떨결에 보호자가 되어 정신이 나간 듯한 그녀를 대신해 이런저런 서류도 쓰고 병원에 머물렀다.

의사는 사고를 당하면서 넘어졌을 때 충격을 받았을지 모르니 뇌를 정밀 진단해 봐야 한다고 했다. 귀에서 물이 나오고 전혀 듣지 못하는 것으로 보아 귀 쪽에 큰 이상이 있을지도 모른다고 했다. 딸아이가 듣지 못한다는 사실에 김다복 씨는 울음을 터뜨렸고, 나는 어쩔 수 없이 그녀와 함께 병상을 지키게 되었다. 그때 김다복 씨는 나에게 자신의 이야기를 털어놓았다.

남편 없는 결혼을 하다

경상도 시골 마을에서 태어난 그녀는 어려운 집안 사정 때문에 초등학교를 졸업하고 공부를 그만두었다. 그 후 그녀는 집에서 농사와 온갖 집안일을 도우며 오빠와 남동생을 뒷바라지했다. 그녀는 성격이 낙천적인데다 음식 솜씨가 좋고 주위 어른들을 잘 섬겨서 괜찮은 처자로 읍내에까지 소문이 자자했다.

그녀가 스무 살이 되던 해에 읍내에서 중매가 들어왔다. 남자는 그녀보다 여덟 살이 위였는데 사진을 보니 인물도 좋았다. 집안의 외아들로 서울대학교 사범대를 나와 서울에서 고등학교 선생을 하고 있다고 했다. 그런데 아버지는 수년째 병석에 누워 있고 어머니는 읍내에서 양품점을 하고 있었다.

결혼을 하면 서울에서 살 수 있다는 생각에, 또 무엇보다 남자의 수려한 용모에 반해 그녀는 결혼을 결심했다. 그녀의 어머니는 중매쟁이가 미심쩍기도 하고 너무 차이가 나는 학벌과 집안 사정 때문에 말리고 싶었지만, 그렇다고 집에서 고생만 시킬 수가 없어서 마지못해 결혼을 허락하였다. 그런데 혼인을 하기로 하고 날짜까지 정했는데도 남자는 얼굴 한 번 내밀지 않았고, 남자의 어머니라는 사람만 한 번 집에 찾아왔다.

드디어 결혼식 날, 그녀는 처음으로 신랑이 될 사람을 만났다. 결혼식은 간소하게 치러졌다. 결혼식이 끝난 뒤 신랑과 단 둘이 있게 될 생각에 들뜬 마음으로 있는데 남자가 그녀를 조용히 방으로 불렀다.

"나는 따로 혼인하고 싶은 여자가 있데이."

남자가 처음으로 그녀에게 한 말이었다. 충격을 받은 그녀에게 남자는 더 놀라운 말을 했다. 이 결혼은 수년째 중풍으로 병석에 누워 있는 시아버지를 간호할 사람을 물색하던 중 부지런하고 품성 좋은 그녀의 소문을 들은 중매쟁이의 주선으로 이루어진 것이며, 남자는 수차례 이를 거절했지만 결국 외아들이라는 책임감 때문에 어쩔 수가 없었다는 것이었다.

"당신 얼굴을 보니 이거는 사람으로서 못할 짓인기라. 이제라도 네 갈 길을 가그래이."

젊고 어여쁜 그녀의 얼굴을 보고 남자의 양심이 고개를 들었던 것이다. 남자는 그 길로 서울에 돌아갔고, 그녀는 밤을 하얗게 지새운 뒤 결심을 했다. 그래, 이것이 운명이라면 받아들이자. 나만 잘하면 언젠가는 남자도 내게로 돌아올 것이다. 선생님 신랑을 두기가 어디 그리 쉬운 일이겠는가…….

고된 시집살이

그녀의 고생이 시작되었다. 시어머니는 장사를 핑계로 병수발과 집안일은 거들떠보지도 않았다. 결혼식은 올렸지만 혼인신고도 하지 않았는데도 그녀는 시아버지를 극진히 보살폈다. 중풍에 걸린 시아버지의 병수발은 너무 힘이 들었고, 꽃다운 그녀의 얼굴은 점점 여위어

갔다.

보다 못한 아버지가 보약을 지어 보내왔는데, 마음씨 고운 그녀는 몸 성한 자신이 먹기가 미안해 보약을 시아버지에게 주었고, 보약을 먹은 시아버지는 몸집이 더 커져서 시아버지를 목욕시키고 나면 그녀는 녹초가 되었다. 이렇게 힘든 하루하루를 그녀는 남편이 돌아올 날만 기다리며 살았다.

결혼식을 치른 지 몇 달 후 남편이 집에 나타났다. 시집온 뒤 처음 맞는 추석이었다. 그러나 남편은 혼자가 아니었다. 남편과 함께 온 여자는 남편과 같은 학교에 다니는 음악 선생으로, 세련된 얼굴에 날아갈 듯한 투피스 차림이었다. 그 둘은 곧 결혼할 것이라고 했다. 그녀는 담 뒤에 숨어서 멀어져 가는 그들의 모습을 훔쳐보며 처음으로 죽음을 결심했다. 그녀는 이제 더 이상 살아갈 아무 의미도 없었다.

읍내 약방에서 농약을 산 날, 그녀는 산자락에 앉아 울다가 스르르 잠이 들었다. 꿈에 시아버지가 나타났다. 빙그레 웃으며 그녀에게 자꾸 무슨 말인가를 하려고 했다. 퍼뜩 잠이 깬 그녀는 자신이 집을 비운 사이 무슨 일이 일어났나 싶어 서둘러 집으로 향했다. 다행히 시아버지는 아무 일도 없었던 듯 편안히 잠들어 있었다. 그녀는 생각 끝에 죽더라도 시아버지가 돌아가신 뒤에 죽자고 결심했다.

진짜 결혼식이 치러졌다. 그녀는 정성을 다해 잔치 음식을 만들었고, 기뻐서 입을 다물지 못하는 남자의 얼굴을 훔쳐보며 눈물을 흘렸다. 새색시에게 들키면 안 되는 처지라 그녀는 숨어 있어야 했고, 얼굴이 많이 상한 그녀를 본 남편은 안쓰러운 표정으로 작은 손거울을 선물로 내밀었다.

그렇게 13년의 세월이 흘렀다. 그 후로 남편은 명절 때만 집에 다녀갔고, 그녀를 해방시켜 줄 환자의 죽음도 요원하였다. 그녀는 지쳤으나 조금씩 차도를 보이는 시아버지를 나 몰라라 할 수도 없었다. 1년에 단 두 번이지만 사랑하는 남자를 볼 수 있다는 것이 그녀에겐 큰 위안이고 기쁨이었다.

오랫동안 기다렸던 남편이 돌아오다

그녀가 서른네 살이 되던 해 봄날 저녁, 갑자기 남편이 집에 찾아왔다. 얼굴 표정이 평소와 다른 것이 뭔가 심상치 않았다. 남편은 부엌일을 하는 그녀의 손목을 낚아채 방으로 끌고 들어갔다. 놀라서 입이 떨어지지 않는 그녀를 난폭하게 안으며 남편은 말했다.

"나, 이제 니하고 살끼다."

아, 얼마나 기다렸던 말인가. 그녀의 눈에서 눈물이 주르륵 흘러내렸다. 그녀는 처음으로 사랑하는 남편의 품에 안겨 보았다. 기다리고 고생한 보람이 이제야 나타나는구나 싶어서 그녀는 너무도 행복했다. 남편은 날이 밝으면 이혼 수속을 밟을 것이고, 신변이 정리되면 즉시 그녀와 혼인 신고를 하겠다고 했다.

그런데 다음 날 아침 한 통의 전화를 받은 남편은 어두워진 얼굴로 말했다.

"별일 아니다, 잠깐 나갔다 올끼다."

서늘한 예감에 물끄러미 자신을 쳐다보는 시선을 느꼈는지 대문을 열던 남편은 뒤돌아서서 말했다.

"난 이제 니밖에 없데이. 한 시간 안에 올끼다."

비보를 들은 건 시아버지의 점심 식사를 챙겨 준 후였다. 남편은 음악 선생과 차를 타고 가다가 읍내의 유일한 육교 다리를 들이받고 병원으로 옮겨졌다고 했다. 운전을 한 음악 선생은 그 자리에서 즉사했고 남자는 혼수상태였다. 그 소식을 눈치 챈 시아버지는 며칠을 끙끙거리다가 겨우 집문서를 그녀의 손에 쥐어 주고는 세상을 떠났다.

그녀는 이제 남편을 간병하게 되었다. 두어 달째 의식이 돌아오지 않는 남편의 대소변을 받아 가며 극진히 간호하던 그녀는 어느 날 요란한 헛구역질을 했다. 임신이었다. 모두들 아이를 없애라고 했다. 심지어 시어머니조차 아이를 낳는 것은 스스로 인생을 복잡하게 만드는 것이라고 했다. 그러나 그녀는 사랑하는 남자의 아이를 낳고 싶었다.

토속 음식점을 차려 대박을 터뜨리다

임신한 지 6개월째에 남편은 결국 세상을 떠났고 그녀는 딸 서영이를 낳았다. 비로소 독립한 그녀는 산후 조리를 마친 직후 시아버지가 쥐어 준 집문서를 팔아 향토 음식점을 차렸다. 이것저것 생각해 보았지만 음식 솜씨밖에 내세울 게 없었다. 토속적인 음식을 있는 그대로 투박하게 차려 내면 장사가 될지도 모른다는 생각도 들었다. 큰 돈을 벌겠다는 생각보다는 당장 어린 핏덩이와 살아가려고 시작한 토속 음식점이었는데 이는 시대의 조류에 딱 맞아떨어졌다.

서울에서 살고 있지만 어린 시절을 시골에서 보낸 사람들은 어릴 적 먹어 본 음식 맛을 잊지 못하기 때문에 일부러 토속적인 옛날 음식을 찾아서 먹곤 한다. 또 가족이 외식을 할 때 자녀에게 우리 고유의 음식을 알려 주기 위해서도 토속 음식점을 찾곤 한다.

토속 음식점을 서울 교외에 최초로 개업한 그녀는 생각지도 않게 장사가 너무 잘되어 돈방석에 앉게 되었다. 따로 주방장을 두지 않고, 시부모를 모시고 살 때 했던 요리 방법 그대로 자신이 직접 음식을 만들어 손님들에게 냈다. 그것이 손님들로 하여금 옛 맛을 느끼게 하여 크게 어필했던 탓에 장사가 잘되었던 것이다.

독한 여자, 자상한 엄마로 성공하고 싶다

오고가는 손님들에게 김다복 사장의 딱한 사연이 알려지면서 더 많은 손님들이 찾아들었다. 그러자 전국에 김 사장의 사업이 잘된다는 소문이 돌아 같은 업종의 사업을 해 보겠다는 사람들이 하나 둘 김 사장을 찾기 시작했다.

처음에는 그저 있는 그대로 자신이 겪었던 이야기를 들려주고 사업을 알려 주었는데, 주변에서 직접 음식점을 경영하는 것과 병행해서 체인점이나 개업 상담을 해 주면 돈이 될 거라고 충고를 했다. 그것도 일리가 있다고 생각한 김 사장은 자신만의 노하우를 자료로 만들어 전문적인 상담가로 변신했다.

김 사장의 지론 중에는 이런 것도 있다. "자신을 여자로 보고 접근하는 사람과는 절대로 비즈니스를 하지 않는다." "자신이 여자라는 것을 이용해서, 또는 혼자라는 것을 이용해서 사업을 하지 않는다."

김 사장은 이처럼 자신이 여자라는 사실을 잊어버리고 단지 서영이의 엄마로서, 아빠한테 받지 못한 것까지 더 많이 사랑해 주고자 했다. 성공한 엄마의 당당한 모습을 아이에게 보여 주기로 마음먹자 어떤 어려운 일도 이겨 낼 수 있다는 의지가 솟아났다.

체인점으로 벌어들인 돈을 부동산에 투자하다

김 사장이 전문적으로 개업 상담을 하면서 느낀 것이 있다면, 준비되지 않은 상태에서 남들이 잘된다니까 한번 해 보려고 덤비는 사람이 많다는 것이었다. 그래서 생각한 것이 새로 개업하는 사람에게도 도움이 되고 자신도 돈을 벌 수 있는 기회가 되는 방법, 즉 미리 음식점을 낼 만한 장소를 물색해서 땅을 사 두는 것이었다.

김 사장은 부동산 전문가의 도움을 얻어 서울 근교 일원과 경기도 및 대도시 주변에 음식점 개업하기에 적합한 땅을 확보하였다. 준비가 끝나자 본격적으로 체인점 가맹자를 모집하였고, 그동안 사 둔 땅에 체인점을 열게 하였다.

김 사장은 영리했다. 예를 들어 400평 상당의 땅을 샀다면 200평만 체인점 측에 넘겼다. 물론 체인점 측에 매각한 200평에 대해서도 매매 차익이 발생하지만, 팔지 않고 남은 땅에서 나오는 돈에 비하면 새 발의 피였다. 체인점으로 개발된 곳 바로 옆의 나머지 땅에 대한 형질 변경 및 음식점 등의 개업 허가 신청을 체인점을 낼 때 같이 해 두었기 때문에 그 땅의 가격이 평소 가격의 3배 내지는 10배로 오른 것이다. 이로써 그녀는 부동산 대박을 터뜨렸다.

김 사장은 체인점만을 고집하지 않았다. 음식점을 새로 개업하겠다는 사람들에게 상담을 해 주면서 동시에, 김 사장 자신이 음식점 개업에 적합한 땅을 물색해 두고 허가도 내놓은 상태라 그러한 용도의 땅을 원하는 사람들에게 자신의 땅을 매각했다. 그렇게 하여 김 사장은 불과 수년 만에 시골에서 밥을 하던 아주머니가 아니라 100억 원 상당의 재산을 가진 재력가로 우뚝 서게 되었다.

다시 출장 요리사가 되다

김 사장은 이제 욕심이 없다. 딸아이와 함께 행복하게 살면서 아이를 잘 키우고 싶을 뿐이다. 특히 아버지 없이 자란 아이가 건강하고 올바르게 잘 자라 좋은 배필을 만나게 된다면 더 바랄 것이 없다고 한다. 그런 생각을 가지고 사업을 하니 은퇴할 때를 스스로 결정할 수 있었다.

김 사장은 그동안 도움을 받았던 사람들에게 그동안 운영해 온 음식점을 돈을 일절 받지 않고 모두 지분으로 넘겨주고 자신은 아이 엄마로만 남았다.

그런데 일에서 손을 떼고 보니 자신은 일을 하면서 살아야 한다는 것을 느끼게 되었다. 더군다나 편하게 놀고먹는 생활은 부지런한 자신의 성격과 체질에 맞지 않았다. 특히 아이에게 일하는 떳떳한 모습을 보이기 위해, 그리고 돈이 있다고 나태해지거나 교만해지는 것을 막기 위해 자신의 유일한 특기인 요리를 계속하기로 했다.

그래서 도전한 것이 출장 요리사 자격증이었다. 지금은 돈에 목적을 두지 않고 아이에게 열심히 사는 모습을 보여 주고, 또 스스로 열심히 살고 있다는 생각을 하기 위해 출장 요리사로 이곳저곳을 다니며 바쁘게 지내고 있다.

에필로그

교통사고 가해자의 부모에게서 연락이 왔다. 가해자는 며칠 후 유학을 가야 하는 학생이었고, 출국 일정에 차질이 생기면 안 되는 곤란한 상황이었다. 원만히 합의하기를 바란다며 선처를 호소했고 합의금으로 3억 원을 내놓았다. 그 뒤 서영이의 귀는 치료가 잘되어 원상태로 회복되었다.

나는 신이 존재한다고 믿는다. 착하고 인내심 많은 그녀의 성품이 그녀를 오늘날과 같은 부자로 만든것은 당연하거니와 세상을 떠난 서영이 할아버지와 서영이의 존재도 알지 못했던 한 많았을 아버지가 두 모녀의 행복을 늘 보살펴 준다는 생각이 들었기 때문이다.

그녀는 이야기 말미에 지갑에 있던 오래되어 헐고 너절해진 한 남자의 증명사진을 꺼내 보여 주었다.

"잘생겼지요?"

나는 따뜻한 미소로 그 답을 대신했다.

건강하게 딸이 퇴원하고 나서 그녀는 음식 보따리를 들고 사무실로 찾아왔다.

손수 정성스레 음식을 만들어 직원들과 나눠 먹으라고 가져온 것이다. 음식은 아주 맛깔스러웠고, 나는 그녀의 밝은 모습을 보게 되어 기뻤다.

성공은 스스로 돕는자가 이룬다.

긍정의 사고력이 부자를 만든다

초판인쇄 2011년 2월 15일
초판발행 2011년 2월 21일

지은이 류우홍
펴낸이 박찬후
펴낸곳 북허브
주소 서울시 구로구 구로동 453-9
전화 02-3281-2778
팩스 02-3281-2768
e-mail book_herb@naver.com
http://cafe.naver.com/bookherb

*잘못된 책은 구입하신 서점에서 바꾸어 드립니다.

값 7,000원
ISBN 978-89-94938-00-4(10320)